Go mbeinnse choíche saor

SCÉALTA LE
MÁIRE DINNY WREN

ÉABHLÓID

Arna fhoilsiú ag Éabhlóid 2016

Éabhlóid, An Charraig, Doirí Beaga,
Leitir Ceanainn, Tír Chonaill.

www.eabhloid.com

An chéad chló 2016
ISBN 978-0-9565016-8-4

Clóchur, dearadh agus ealaín chlúdaigh: Caomhán Ó Scolaí

Buíochas le Mícheál Ó Domhnaill

Arna chur i gcló in Éirinn ag Johnswood Press Ltd.

Tá Éabhlóid buíoch d'Fhoras na Gaeilge
as tacaíocht airgeadais a chur ar fáil.

Foras na Gaeilge

GO MBEINNSE CHOÍCHE SAOR

As Gaoth Dobhair i dTír Chonaill do Mháire Dinny Wren. Tá filíocht agus scéalta léi foilsithe in irisí ar nós *Comhar*, *An tUltach*, *An Gael*, *Irish Pages*, *North West Words* agus *Feasta*. Bronnadh duais Fhoras na Gaeilge ag Féile Scríbhneoirí Lios Tuathail ar Mháire in 2010 don ghearrscéal 'Ag Téarnamh chun Baile'. Bhí léiriú dá scéal 'Thar an Tairseach', a craoladh Lá Fhéile Pádraig 2013 ar RTÉ Raidió 1, ar an ghearrliosta don Dráma Raidió is Fearr ag an Prix Europa i mBeirlín in 2013. Bhain 'Cosmhuintir' duais sa chomórtas Splancfhicsean a rith Áras Scríbhneoirí na hÉireann i gcomhair le IMRAM agus Books Ireland in 2015. Tá ceithre scéal dá cuid sa chnuasacht *Go dtí an lá bán*, a d'fhoilsigh Éabhlóid in 2012. D'fhoilsigh Coiscéim a céad chnuasacht filíochta, *Ó Bhile go Bile*, in 2011.

Níl aithris sna scéalta seo ar dhuine ar bith,
beo ná marbh.

Clár

Do Jimí agus Nan.

An doras cúng

ANOCHT tá mé ag siúl an bhealaigh ar ghnách liom cónaí air, Bóthar na Glaise Áille. Ba é an bealach chun an bhaile domh é roimhe seo. Cha dtáinig mé ann le fada ach tráthnóna bhí mé ar an bhealach sula dtug mé féin fá dear é. Thug mé in amhail tiontú ach thug claonadh deoranta nach dtiocfadh liom a shéanadh orm leanstan ar aghaidh. Siúlaim go barr an chabhsa agus amharcaim síos ar an teach s'againne. Ba mhaith liom imeacht i mo rith ar chos in airde ach faigheann an fonn feasa an bhuaidh orm.

Tá toit ag éirí as an tsimléir agus solas tarrantach sna fuinneoga. Tá cuma sheascair ar an áit. Siúlaim liom síos an cabhsa beag agus suas go dtí an teach. Seasaim os coinne fhuinneog an tseomra suite. Tá daoine ina suí istigh san áit ar ghnách linne a bheith; cuma gnáth-theaghlach orthu ina suí thart go sásta, iad uilig ag gabháil fá dtaobh dá ngnaithí féin. Tá teilifís lasta sa choirnéal. Is iomaí uair a sheasaigh mé féin san fhuinneog seo ag amharc amach sa dorchadas agus dá n-amharcfadh duine acusan amach anois tá a fhios agam nach bhfeicfeadh siad mé. Smaointím ar oícheanta a chaith mé sa teach. Dá mbeadh duine ag amharc isteach orainne an t-am sin an sílfeadh sí gur gnáth-theaghlach muid? Bogaim ar shiúl ón teach, suas an cabhsa agus síos an bóthar dorcha arís, áit a bhfuil mé níos sábháilte.

Níl a fhios cá mhéad míle siúlta agam ó d'fhág mé an baile. Siúlaim na tránna, siúlaim na sléibhte, siúlaim cois na lochanna agus cois aibhneacha. Siúlaim na cúlbhóithre, na cosáin scoite nach mbíonn aonduine eile orthu, ag coinneáil ar an uaigneas i gcónaí. Siúlaim go mbíonn mo chuid bonnaí nimhneach. Coinníonn an siúl te mé. Corruair deirim paidir, corruair ceolaim amhrán, corruair eile bím ag aithris dáin nó ramáis. Siúlaim ar thalamh crua carraigeach fá na cnoic agus ar an mhuirbheach cois farraige. Siúlaim amhail is go bhfuil mé ar thuras tábhachtach, mar oilithreach ar chosán na naomh. Bím amuigh in achan chineál aimsire.

Déanaim mo bhealach go mall ar ais go dtí an baile bánaithe a bhfuil mé ag baint fúm ann. Ní bhíonn deifre ar bith orm go dtí an teach sin. Níl aonduine ag fanacht liom. Níl tine ná teas ann … níl ná solas. Níl ann ach ballaí loma agus seomraí folmha.

Seasaim bomaite taobh amuigh den doras ag amharc ar na réalta. Oícheanta fuara feanntacha mar seo agus an spéir glan, is deas a bheith ag coimhéad na spéire. Cuntasaim na réalta le cuidiú liom dearmad a dhéanamh. Cuartaím an tseisreach ar tús le marc a fháil ar cá bhfuil mé. Tá mé ag cur aithne mhaith ar na réalta. 'Slán codlata,' a deirim leo, sula dtéim isteach chun tí. Anocht tchím cuid acu ag drithliú agus deirim liom féin go bhfuil siad ag beannú domh agus tógann sin mo chroí. Cluinim siosarnach na habhna. Bíonn fuamán an tsrutha mar fhuaimrian agam i mo luí sa leaba. Bheir sé sólás domh, rud atá deacair a fháil anseo.

Bhí áit ar fáil sa teach tearmainn ba dheise domh agus chuaigh mé ann ar tús. Ansin fuair seisean amach cá raibh mé agus tháinig sé i mo dhiaidh. Chonaic mé a charr páirceáilte ar an taobh eile den bhealach mhór maidin amháin. Ní raibh fiachadh orm an dara hamharc a thabhairt. Ní raibh mé ach i ndiaidh éirí; chuir mé orm mo chuid éadaí, chaith cupla rud i mála beag, tharraing orm mo chóta agus amach an doras cúil liom gan a dhath a rá le duine ar bith. Bhí a fhios agam go ndéanfadh siad a ndícheall tabhairt orm fanacht nó a ghabháil chuig na gardaí. Shiúil mé fríd an gharradh agus amach an geafta. Shiúil mé chomh gasta agus a thiocfadh liom, eagla orm dá bhfaigheadh sé greim orm go muirfeadh sé mé. Gheall mé domh féin nach bpillfinn ar an tearmann arís.

Shiúil mé thart ar fud an cheantair ag coinneáil ar na cúlbhóithre. D'éirigh mé tuirseach ag siúl agus shuí mé ar bhalla íseal in aice na céadh. Cé go raibh mé mílte ón teach tearmainn, bhí mé go fóill ag amharc thar mo ghualainn. Ach bhí an áit seo ciúin agus sólás inteacht le fáil agam ó chrónán na farraige. Sin an uair a thug mé fá dear an coimeádán miotail ina shuí in aice na céadh. Nuair nach raibh aonduine thart, chuaigh mé a fhad leis an choimeádán agus bhí mo sháith iontais orm go raibh an doras miotail leathfhoscailte. Chuaigh mé isteach.

Bhí cupla bocsa folamh agus cupla pailléad adhmaid sa choimeádán. Ní raibh fuinneog ar bith air agus nuair a bhí an doras druite bhí sé dubh dorcha agus plúchtach istigh ann. An oíche sin d'fhan mé ann, nó tháinig cith fearthainne agus nuair a bhí mé i mo sheasamh sa doras fada go leor, tháinig cuma fháilteach ar istigh i gcomparáid leis an oíche fhliuch a bhí amuigh. Ní raibh mé fá choinne fanacht an oíche ar fad ach d'éirigh mé tuirseach agus rinne mé sráideog as na pailléid agus na bocsaí cairtchláir. Is é a bhí fuar. Bhí sé deacair codladh fiú is go raibh mé tuirseach ón tsiúl uilig, ach sa deireadh thit mé siar agus fuaim na mara mar shuantraí agam. Ba shuarach an faoiseamh é. D'fhan mé sa choimeádán ar feadh cupla seachtain. Cha raibh áit ar bith eile agam le ghabháil agus mheas mé go raibh mé sábháilte ann. Ní rachainn ann go n-éireodh sé dorcha agus bheinn ar shiúl as arís le bánú an lae. Sheachain mé na príomhbhóithre. Rinne mé mo bhealach chuig an tsiopa faoi scáth an dorchadais. D'úsáid mé mo chárta creidmheasa; bhí cupla euro fágtha ann ag an am sin, agus bhí sé i m'ainm féin. Nuair a tháinig mé a fhad leis an chéidh oíche amháin, bhí an coimeádán ar shiúl.

Shuigh mé ar an bhalla in aice leis an áit a raibh mo bhaile seal. Ní raibh a fhios agam cá rachainn. Bhí mo mhála agus mo chuid rudaí beaga luachmhara eile a thug mé liom as an teach sa choimeádán.

An oíche sin, chuaigh mé siar ar m'fhocal agus chuaigh mé ar ais chuig an tearmann. Ní raibh mé i bhfad ann go dtáinig sé i mo dhiaidh arís. Bhí sé ag fanacht sa charr liom cupla céad slat ón tearmann. Chonaic mé é ach cha raibh faill agam teitheadh. D'iarr sé orm a theacht chun an bhaile leis. Gheall sé go mbeadh achan rud i gceart. Ach gurb é go raibh fear eile ag siúl thart ag an am....

Dúirt mé go bhfaighinn mo chuid rudaí agus d'éalaigh mé an tríú huair.

Bhí ordú dlí air gan a theacht de mo chóir, ach níor stop sin é. Ní raibh mé ag iarraidh a ghabháil chun na cúirte arís. Gheall na gardaí go mbeadh cás láidir agam agus go mbeadh sé ag gabháil chun an phríosúin dá dtabharfainn fianaise, ach dá dteipfeadh orainn ... níor mhaith liom smaointiú air. Sin an t-am a tháinig mé go dtí an fáras seo ar imeall an bhaile mhóir. Thriail mé na doirse agus nuair a d'fhoscail ceann sa deireadh agus nuair a chuaigh mé isteach, bhí sé cosúil le siúl amach as dainséar.

Chuaigh mé isteach sa teach agus d'amharc thart. Ní raibh ann ach na ballaí loma. Chonaic mé eochair ar leac na fuinneoige. Thriail mé sa doras é agus d'oibir sé. Chuaigh mé amach arís, chuir glas ar an doras agus d'imigh liom faoi scáth na hoíche. Phill mé an oíche sin agus chruinnigh mé gráinnín beag brosna a bhí caite thart agus las mé tine. Bhí greim beag bídh agam a fuair mé sa bhocsa bruscair ar chúl an tsiopa níos luaithe sa lá. Agus thug bean i siopa Uinseann de Pól cóta mór trom domh a d'úsáid mé mar bhlaincéad.

Tá mé i mo chónaí anseo ar an Chnocán Aoibhinn ó shoin. Mothaím go bhfuil mé beo ar an ghaoth. Tá mé dofheicthe. Níl ach seomra amháin, ar thaobh na habhna, a bhfuil mé ábalta seasacht ann os comhair na fuinneoige ionas nach bhfeictear mé.

Is minic a thig an t-aos óg isteach san eastát san oíche, go háirithe ag an deireadh seachtaine. Lasann siad tine nuair a bhíonn cóisir acu. Fágann siad lasta é nuair a imíonn siad. Fágann siad buidéil, cannaí folmha agus bia caite thart. Bíonn ormsa an tine a mhúchadh agus an áit a ghlanadh suas ina ndiaidh. Tá eagla orm go gcuirfidh siad an áit ar thine oíche inteacht. Is mór an gar nach bhfuil barraíocht ábhar tine ina luí thart; níl anseo ach brící agus clocha móra. Ach bíonn ábhar tine leo, bricíní mónadh agus a mhacasamhail, agus caitheann siad na cannaí agus rud ar bith a bhíonn leo sa tine.

Tá a fhios ag m'iníon cá bhfuil mé. Gheall sí domh nach n-inseodh sí do dhuine ar bith beo nó marbh. Tá sí ag iarraidh orm a theacht a chónaí léithe ach ní bheinn ach mo chur féin agus ise i ndainséar. Tháinig sí chugam uair nó dhó agus thug sí bia agus éadach domh. Cupla uair, nuair nach raibh mé anseo, bhí málaí bídh fágtha ag an doras, glacaim leis gur ise a d'fhág ann iad. Tá a cuid fadhbanna féin aicise, dár ndóigh. Tá mo chroí istigh inti agus bím ag súil go mór lena cuairt. Labhrann muid ar na rudaí uilig a dhéanfaidh muid nuair a bheas seo uilig curtha dínn againn.

Ach anocht, níl anseo ach mé féin agus scáilí na hoíche. Tá fógra crochta ar an gheafta le cupla lá go bhfuil an t-eastát ar díol. Tá súil agam go mbeidh an cás cúirte ann sula dtarlaíonn sin, nó beidh orm bogadh liom arís, is dóiche.

Níl na soilse sráide ag obair anseo agus sin mar is fearr liomsa é, agus is fuath liom an solas láidir a thig ón pháirc ghnó. Cé gur maith liom an dóigh a gcaitheann sé scáilí na gcrann atá ag fás fá bhruach na habhna ar thaobh na mballaí loma ar achan taobh domh. Mothaím gur seanchairde liom na crainn chéanna. Síneann siad a ngéaga i mo threo nuair atá mé in ísle brí. Ceolann siad suantraí domh agus mé ag iarraidh a ghabháil a chodladh. Cuireann siad brosna ar fáil domh leis an tine a lasadh. Samhlaím go bhfuil siad mar scáth agam ón tsaol mór. Is iontach nár gearradh iad nuair a bhí siad ag tógáil na dtithe seo.

Tá na crainn ag caitheamh daofa a gcuid duilleog anois. Ach fiú agus iad leath lom tá siad ealaíonta. Is cosúil le damháin alla idir mé féin agus an spéir thráthnóna iad. Corruair suím ar chreag ag bun na gcrann agus mothaím slán sábháilte ann. Mothaím go bhfuil siad do mo chosaint ón tsaol mhór. Bhí siad ann romham agus beidh siad ann i mo dhiaidh. Nuair a fhágfaidh mé an áit seo, beidh cumhaidh orm ina ndiaidh.

Tá a fhios agam nach dtig liom fanacht anseo faoi scáth na gcrann go deo. Lá inteacht gan mhoill bogfaidh mé liom agus siúlfaidh mé faoi sholas buí na gréine arís. Fágfaidh mé na scáilí agus na cuimhní dorcha anseo i mo dhiaidh. Cuirfidh mé an drochuair thairim. Toiseoidh mé as an úire ach mairim sna scáilí go fóill, faoi anáil dhamanta na hoíche, solas na gealaí mar fhallaing chosanta agam.

Turais eadarbhuasacha

I LÁR na hoíche chuala Fionnuala an cnag ar an fhuinneog. D'éirigh sí as a leaba agus d'amharc amach. Chonaic sí lon dubh ina shuí ar leac na fuinneoige. D'fhoscail sí an fhuinneog.

'Ar mhaith leat a theacht liomsa ar turas?' a d'fhiafraigh an lon dubh.

'Fan go bhfaighidh mé mo chuid eiteog,' a dúirt sí.

Fuair sí a cuid eiteog as an phrios, chuir sí uirthi iad agus amach ar an fhuinneog léi. Bhí an lon dubh ag fanacht léi.

'Lean domhsa,' a dúirt an lon dubh.

Lean sí an lon dubh go dtí an choill. Thuirling sé ar chrann i gcroílár na coille.

'Seo mo bhailese,' a dúirt sé. Thaispeáin sé nead di a bhí i bhfolach go dlúth istigh i bhfolt na coille.

'Níl cuma ródhaingean air,' a dúirt sí.

'Tá sé daingean go leor domhsa,' a dúirt an lon dubh.

'Ach, níl díon féin air?' a dúirt sí.

'Tá an spéir mar dhíon agamsa,' a dúirt an lon dubh.

D'eitil an lon dubh síos go hurlár na coille. Lean Fionnuala é. Thug sí fá dear na bláthanna fiáine a bhí ag fás ann. Chonaic sí na coinnle corra gorma a dtugadh siad méaracáin sí orthu nuair a bhí sí ina páiste. Bhí an fraochán beag dubh ann a phiocadh sí lena cága ón sceach. Bhí gallfheabhrán ann, an lus mór agus an sceach gheal. Chuir caora dhearga an chrainn chaorthainn mearbhall uirthi. Fuair sí sásamh as an iora rua a fheiceáil ann.

Thoisigh an lon dubh a ghabháil cheoil. Mhothaigh Fionnuala go raibh sí saor ó bhuaireamh an tsaoil. Ba chuma léi fá a dhath eile ach an ceol sin. Bhí a hiúl go hiomlán ins an am a bhí i láthair. Níor mhothaigh sí an t-am ag gabháil thart. Thit cleite anuas as an spéir. Thóg Fionnuala an cleite agus thum sí sa dúch é.

Tá mé ar foluain ar an ghaoth
ag éisteacht le ceol binn na n-éan
is ag dul ó bhile go bile
faoi thearmann tairiseach na ngéag.

Loinneog cheolbhinn an loin
a bhain na geimhle díom,
is gan de mhian agam
ach go mbeinnse choíche saor.

Maidin lá arna mhárach mhuscail sí le breacadh an lae agus chuala sí ceol binn. D'amharc sí amach agus chonaic fuiseog ar leac na fuinneoige. D'fhoscail sí an fhuinneog.

'Cén fáth a bhfuil tú ag ceol chomh meidhreach le bánú an lae?' a d'fhiafraigh sí den éan.

'Mar go bhfuil mé sona sásta leis an tsaol?' a dúirt an fhuiseog.

'Caidé an t-ábhar sonais atá agat?' a d'fhiafraigh sí.

'Ar mhaith leat a ghabháil liomsa ar turas?' a d'fhiafraigh an fhuiseog di.

'Fan go bhfaighidh mé mo chuid eiteog.' Fuair sí, chuir uirthi iad agus amach ar an fhuinneog léi.

Lean sí an fhuiseog in airde san aer go dtí go dteachaidh an domhan mór as amharc. Chuaigh an fhuiseog féin as amharc os cionn na néalta ach lean Fionnuala an ceol. Más airde a chuaigh sé san aer más binne a ghlór. Ní raibh a dhath le feiceáil, agus ní raibh a dhath le cluinstin ach amhrán na fuiseoige. Agus ba leor é. Ba chuma le Fionnuala fá rud ar bith eile. Lean sí an ceol fríd na glinnte.

'Cá bhfuil muid anois?' a d'fhiafraigh sí den fhuiseog.

'Tá muid i bhfirmimintí an aeir,' a d'fhreagair an fhuiseog.

'Tá sé cosúil leis na flaithis,' a dúirt sí.

Lean an fhuiseog uirthi ag ceol. Ceol fogharbhinn a líon na spéartha. Bhí Fionnuala corraithe go mór aige. Chuir sé faoi gheasa í. Chonaic sí cleite ag titim fríd an aer. Bheir sí ar an chleite agus thum sa dúch é.

Ceol séisbhinn chugam:
an fhuiseog, fógróir na maidne,
ag cothú m'anama,
is ag cur aoibhneas ar mo chroí.

Síofra siansach dofheicthe
ag ceiliúradh le tréan áthais
thuas i bhfraitheacha an aeir.
Ó, caidé foinse do shonais?

Ar maidin lá arna mhárach chuala sí gairm ag éan taobh amuigh den fhuinneog.

D'éirigh sí agus d'amharc sí amach. Chonaic sí an smólach ceoil ina shuí ar leac na fuinneoige. D'fhoscail sí an fhuinneog.

'Ar mhaith leat a theacht liomsa ar turas?' a d'fhiafraigh an smólach di.

'Fan go bhfaighidh mé mo chuid eiteog,' a d'fhreagair sí.

Fuair sí a cuid eiteog as an phrios, chuir uirthi iad agus amach ar an fhuinneog léi.

Bhí an smólach ag fanacht.

'Lean domhsa,' a dúirt an smólach. Chuaigh an smólach san aer agus lean sí é. Thuirling siad i ngarradh. Garradh ina raibh bláthanna agus toir agus crainn de gach cineál.

'Seo mo bhailese,' a dúirt an smólach.

'Nach bhfuil sé galánta?' a dúirt sí.

Chaith sí an lá ina suí sa gharradh faoi scáth crann fuinseoige ag éisteacht leis an smólach, í ag bolú na mbláthanna agus ag blaiseadh an aeir úir.

Nuair a tháinig Fionnuala chun an bhaile d'fhoscail sí na fuinneoga. Ar a ghabháil a luí di níor tharraing sí na cuirtíní. Tháinig boladh na mbláthanna chuici. Chuala sí siosarnach na gaoithe fríd na crainn. Shoilsigh gá gealaí fríd an fhuinneog agus las sé an seomra le solas báiteach. Chonaic sí cleite de chuid an smólaigh ina luí ar an urlár, thóg sí é agus thum sí sa dúch é.

Solas diamhair ag friothamh anuas
idir ghéaga arda na fearnóige
Is éan na broinne buíbhrice
go béalbhinn ar chraobh.

Ailleog cheoil an smólaigh
a chanadh aige faoi dhó
ábhar dóchais ina ghlór
nach léir domh go fóill.

Ar maidin lá arna mhárach, chuala sí an chuach. D'éirigh sí agus d'amharc amach ar an fhuinneog. Chonaic sí í ina suí ar leac na fuinneoige.

'Ar mhaith leat a ghabháil liomsa ar turas?' a dúirt an chuach.

'Fan go ndéanfaidh mé réidh,' a d'fhreagair sí.

Rinne sí í féin a chluimhriú agus amach an doras léi.

'Lean domhsa,' a dúirt an chuach.

Lean sí di. Thuirling sí ar bhalla seanfhothraigh a bhí ag bun an chnoic.

'Seo an áit a gcónaímse,' a dúirt an chuach.

D'amharc sí thart. Bhí an seanteach ar an fhraochlach agus gan teach eile le feiceáil ach cupla seanfhothrach le rútaí móra ag gobadh amach fríothu thall agus abhus.

'Nach bhfuil sé uaigneach anseo?' a dúirt sí.

'Tá go leor comharsanach agam,' a d'fhreagair an chuach agus thoisigh a ghairm.

Chonaic Fionnuala froganna, dobharchúnna, snáthaidí mhóra, cearca fraoigh, cromáin mhóna ... chonaic sí giorriacha ina rith ar chos in airde ... sionnaigh ag seilg ... chonaic sí gráinneog fhéir ina suí go socair. Chuala sí rannán ag fia. Bhí éanacha eile; an pocaire gaoithe, an fhuiseog agus an naoscach ag déanamh cónaithe ann chomh maith.

'Ní bheidh sé i bhfad go mbeidh mise ag imeacht liom,' arsa an chuach.

'Is mór an trua sin,' a dúirt sí.

Thit cleite de chuid na cuaiche anuas go talamh agus thóg Fionnuala é.

An tráthnóna sin d'amharc Fionnuala amach ar an fhuinneog. Chonaic sí carrianna agus giorriacha agus coiníní agus cearca fraoigh ar an fhraochlach ar an taobh eile den abhainn. Thum Fionnuala an cleite sa dúch.

Nuair a labhrann an chuach
leanaim a glór mealltach

mar dhéanfadh gobadán,
gan radharc a fháil uirthi.

Is í tairngire an tsamhraidh,
sonas saolta le sonrú ina glór
is í luaite le Hera is le Juno
bandéithe ardréime na mban.

Ar maidin lá arna mhárach chuala sí éan ag ceol.

D'éirigh as a leaba agus d'amharc sí amach ar an fhuinneog. Chonaic sí an crotach ina shuí ar leac na fuinneoige. D'fhoscail sí an fhuinneog.

'Ar mhaith leat a ghabháil liomsa ar turas?' a dúirt an crotach.

'Fan go bhfaighidh mé mo chuid eiteog.'

Fuair sí iad, chuir uirthi agus amach an fhuinneog léi. Bhí an crotach ag fanacht.

'Lean domhsa,' a dúirt sé.

Lean sí an crotach. Thuirling sé ar an ghaoth.

'Tá tú ar an imeall anseo,' a dúirt sí leis an chrotach.

'Tá mé sona sásta ann,' a d'fhreagair sé.

'Bhí cónaí ar mo mhuintir sa cheantar seo lá den tsaol, ach gurbh éigean daofa a dhul ar imirce,' a dúirt Fionnuala.

'Is trua sin,' a dúirt an crotach.

Chonaic Fionnuala go leor bradán agus breac agus go leor cineálacha eile éisc san uisce. Chonaic sí mar a bhí an ghaoth ag cothú ainmhithe, éanlaith, plandaí agus an fiadhúlra ar fad ar dhá thaobh an uisce.

Sula dteachaidh Fionnuala a luí, d'amharc sí amach ar an fhuinneog. Chonaic sí le clapsholas an ghealach ag éirí os cionn an ghaoith. Chuala sí glór iarmhéileach an chrotaigh ag teacht ó imeall tíre. Chonaic sí cleite de chuid an chrotaigh fágtha ar leac na fuinneoige. Thóg sí é agus thum sí sa dúch é.

Glór dúisitheach an chrotaigh:
macalla ón tsean-am
ag muscladh cuimhní cinn
is ag cur cumhaidh ar mo chroí.

Cluinim glórtha eile ar an ghaoth
is samhlaím taibhsí mo mhuintire
ar an bhealach 'na bhaile
i ndiamhair na hoíche.

Ar maidin lá arna mhárach chuala sí éan ag ceol. D'éirigh sí as a leaba agus d'amharc amach ar an fhuinneog. Chonaic sí an dreoilín ina shuí ar leac na fuinneoige. D'fhoscail sí an fhuinneog.

'Ar mhaith leat a theacht liomsa ar turas?' a dúirt an dreoilín.

'Fan go bhfaighidh mé mo chuid eiteog,' a d'fhreagair sí.

Fuair sí a cuid eiteog as an phrios, chuir uirthi iad agus amach ar an fhuinneog léi.

Bhí an dreoilín ag fanacht léi.

'Lean domhsa,' a dúirt an dreoilín.

Lean sí an dreoilín. Thuirling sé ar an dumhaigh. Chonaic sí go raibh nead an dreoilín sa scrobarnach. Chonaic sí go raibh go leor bláthanna agus luibheanna agus féara ag fás ann. Bhí an tseamair bhán, an chos mhaideach, lus na mbrat, rú Mhuire, lus na pingine, lus na teanga, an crobh éin, ceadharlach páirce, siolastrach agus caonach ann. Bhí muiríneach agus go leor féara de chineálacha éagsúla: an feisciú rua, an feisciú caorach, an bheinteach choiteann agus féar caoráin ag fás ann. Ba phlandaí iad uilig a d'aithin sí.

Bhí éanacha eile ann: an fhuiseog agus an riabhóg bheag, an ceolaire sailí, an rí rua, an spideog, an gealbhan claí; chomh maith le pocairí gaoithe agus spéirsheabhaic. Bhí féileacáin ildaite go leor ann: an glasán, an gormán coiteann, an donnóg fhéir ... bhí beacha, pucha, ciaróga, cuileoga agus damháin alla flúirseach ar an dumhaigh chomh maith.

'Nach haoibhinn an áit é le bheith i do chónaí?' a dúirt sí.

'Tá mise breá sásta ann,' a dúirt an dreoilín agus thoisigh sé a cheol.

Bhí fonn ar Fionnuala fanacht sa dumhaigh. Bhí suaimhneas ar fáil ann. Chonaic sí cleite de chuid an dreoilín ina luí ar an ghaineamh agus thóg sí é. Thum sí sa dúch é.

Éan beannaithe ag na draoithe
do dhiagacht éalaitheach
mar chomhartha acu go dtiocfadh siad
ar chiall cheilte.

Do cheiliúr chumhachtach
luaite leis an chrann darach
in ainneoin do mhéide
ní fágálach ar bith thú!

Ar maidin lá arna mhárach níor chuala sí éan ar bith ag ceol. D'éirigh sí agus d'amharc sí amach ar an fhuinneog. Chonaic sí go raibh an ghrian ag triall faoi smúid. Ní raibh bláthanna le feiceáil sa gharradh. Bhí an féar marbh. Bhí na crainn lom. D'fhoscail sí an fhuinneog agus leis sin tháinig fiach dubh ag eitilt isteach fríd an fhuinneog.

'Ar mhaith leat a ghabháil liomsa ar turas?' a dúirt an fiach dubh.

'Fan go ndéanfaidh mé réidh,' a d'fhreagair sí.

Rinne sí í féin a chluimhriú.

'Lean domhsa,' a dúirt an fiach dubh.

Chuaigh an fiach dubh ag eitilt amach ar an fhuinneog agus lean sí é. Lean sí an fiach dubh a fhad leis an chósta áit a raibh beanna arda. Thuirling sé ag uaimh mhór dhorcha agus d'eitil isteach. Lean sí isteach é. Chuir an dorchadas as dá cuid súile. Ní raibh le cluinstin aici ach grág an fhiaigh dhuibh.

D'éirigh a cuid súile cleachtaithe leis an dorchadas i ndiaidh tamaill agus chonaic sí go raibh go leor daoine ansin.

'Cé hiad na daoine sin,' a d'fhiafraigh sí den fhiach dhubh.

'Sin na daoine a mhaireann faoi thalamh,' a dúirt an fiach dubh léi.

Chonaic sí fear ina sheasamh ar bhád in aice céidh.

''Sé do bheatha,' a dúirt an fear léi. 'Ar mhaith leat a theacht liom ar thuras? Beidh mé mar threoraí agat.'

Bhí cathú uirthi. Ba mhaith léi dhul ach bhí rud inteacht ag inse di nach mbeadh sí ábalta pilleadh. Chonaic sí go raibh an fiach dubh ina shuí ar bharr chrann an bháid ag faire.

'Níor mhaith, go raibh maith agat,' a dúirt sí le fear an bháid.

'Bhéarfaidh mé ar ais chun an bhaile thú,' a dúirt an fiach dubh. 'Lean domhsa.'

Lean Fionnuala an fiach dubh. Níor aithin sí cá raibh a dtriall. Bhí achan rud coimhthíoch aici. Bhí eagla uirthi go raibh sí ar bhealach a haimhleasa. Bhí lúcháir uirthi nuair a bhain sí an baile amach.

Thuirling an fiach dubh ar leac na fuinneoige. Chuaigh Fionnuala isteach chun an tí. Bhí sí tuirseach traochta. Chuaigh sí a luí.

Nuair a d'éirigh sí ar maidin lá arna mhárach d'amharc sí amach ar an fhuinneog ach ní raibh éan ar bith ar leac na fuinneoige. Chonaic Fionnuala go raibh cleite éin san fhuinneog. Thóg sí an cleite dubh agus thum sa dúch é.

Ar eitil tú idir an dá dhomhan
ag trasnú ar do thoil chuig an alltar?
An bhfaca tú mar aon le Mór-ríoghain
fís ar dheireadh an domhain?

Bua na tairngreachta agat
Is tú luaite le Lugh na gréine,
treoraí don chine dhaonna
ar a dturas chun na síoraíochta.

Chonaic Muireann an peann cleite ina luí ar an tábla an lá arna mhárach. Ní raibh a fhios aici cárbh as a dtáinig sé. Léigh sí na dánta a bhí scríofa. Níor chuimhin léi iad a scríobh nó níor thuig sí caidé na tallanacha a sciob ar shiúl í.

Bróga siúil

SHEASAIGH Sabina siar ón chanbhás agus d'amharc go géar air ar feadh cupla bomaite; sháigh sí an scuab i ngloine tuirpintín agus shiúil a fhad leis an fhuinneog. Las sí toitín. Sheasaigh sí a dh'amharc amach ar na sléibhte. Bhí scamaill dhúghorma ag cruinniú os a gcionn a chur cuma ghruama orthu. D'fhan sí tamall ag amharc ar scáilí na scamall ag gluaiseacht trasna na gcnoc agus ar na dathanna ag athrú de réir a chéile.

D'fhéach sí ar a huaireadóir, bhí sé an t-am. Chuaigh sí a fhad leis an ríomhaire agus rinne mar a thaispeáin a hiníon di leis an ghlaoch a dhéanamh. Tháinig pictiúr dá hiníon aníos ar an scáileán, í ar an trá i ndiaidh di a ghabháil síos chun na hAstráile ar tús. Bhí an gáire mór sin uirthi i gcónaí. I ndiaidh tamaill thug a hiníon freagair.

'A Bhrídín,' arsa Sabina, 'tá tú ansin.'

'Níl mé ach i ndiaidh a theacht isteach an doras, a leithéid d'aimsir, tá sé marfach,' arsa Brídín.

D'aithin Sabina an bheocht ina glór. Ba mhaith léi croí isteach a dhéanamh léi, le teas a hiníne a mhothú gar di.

'Agus caidé mar tá achan rud ag teacht ar aghaidh don taispeántas a Mham ... achan rud réidh?' a d'fhiafraigh Brídín i ndiaidh tamall comhrá.

'Chóir a bheith. Tá sé ag teacht ar aghaidh go measartha creidim ... brú mór anois ag an deireadh.'

'An bhfuil tú ag gabháil a thaispeáint an pictiúr deireanach sin domh? Ní fhaca mé go fóill é.'

'Tchífidh tú gan mhoill é. Tá traidhfil oibre le déanamh air, ach tiocfaidh sé ... an bhfuil a fhios agat, nuair a bhím ag obair tamall ar phictiúr stadaim á fheiceáil ar fad; ach le ham ansin tchím arís go húr é, b'fhéidir ar bhealach nach raibh mé ariamh ag dréim leis ... ach níl mé ag an phointe sin leis an cheann seo go fóill.'

'Go n-éirí leat, a Mham. Bím ag smaointiú ort ansin sa teach, Daid ar shiúl a dh'obair agus tú leat féin. Caidé mar tá sé? Cha raibh mé ag caint leis le tamall.'

'Gnaitheach, mar is gnách. Caitheann sé cuid mhór ama i Londain lena chuid oibre anois ... agus nuair atá sé sa bhaile níl a dhath amach as ach an galf. Fágann sin neart ama agamsa le bheith ag péinteáil.'

'Nach mbíonn tú uaigneach leat féin i rith na seachtaine?'

'Bíonn suaimhneas Dé agam, a thaisce.'

'Bím i gcónaí ag ráit leat rudaí úra a thriail, fáil amach as an teach, labhairt le daoine; rud inteacht a dhéanamh a chuirfeas iontas ort. Ní bhfaighidh tú spreagadh ar bith ag amharc amach ar an fhuinneog ar na cnoic chéanna sin achan lá.'

'Níl muid uilig chomh hógánta leatsa, a Bhrídín, ach chonaic mé fógra faoi chúrsa eitseála. Níl a fhios agam ... bheadh sé ar siúl ag an deireadh seachtaine. Chiallódh sin nach bhfeicfinn féin agus Daid a chéile ar chor ar bith.'

'Caithfidh tú smaointiú ort féin. Más sin atá uait, caithfidh tú é a dhéanamh.'

'Tá mé cinnte go sílfeadh Daid gur cur amú airgid a bheadh ann.'

'Ach, a Mham, b'fhéidir gurbh é an cúrsa seo go díreach an rud atá a dhíobháil ort.'

'Tchífidh mé, ní bheidh mé ag déanamh a dhath eile anois go mbeidh na pictiúirí uilig críochnaithe ach bheadh sé deas mar luach saothair amach anseo nuair a bheas an taispeántas thart.'

'Tá mé cinnte go dtabharfaidh Daid achan tacaíocht duit má shocraíonn tú an cúrsa a dhéanamh.'

Níor dhúirt Sabina a dhath.

Labhair Brídín léi, ag inse dá máthair fán tsaol i bPerth, fá na daoine suimiúla ar chas sí leo agus rudaí iontacha a bhí ag tarlú. 'Tá sé chomh difriúil anseo,' a dúirt sí, 'ach crothnaím an baile fosta. Caithfidh sibh a theacht, cá huair a dtiocfaidh sibh ar cuairt, tú féin agus Daid?'

'Ní bheidh muid ag gabháil áit ar bith i mbliana nó tá Daid gaibhte le hobair go dtí an Nollaig. Agus tá an cúrsa eitseála ag toiseacht i gcionn trí seachtaine.'

'Ach d'fhéadfadh sibh a theacht ar an bhliain seo chugainn. Beidh mise ábalta mo chuid laethe saoire a ghlacadh agus thiocfadh linn a ghabháil suas an Gold Coast. A Mham, bheadh sin ar dóigh.'

'Bheadh. Éist, a chroí, ná habair a dhath fán chúrsa le Daid má bhíonn tú ag caint leis.'

'Maith go leor. Caithfidh mé imeacht, tá muid ag gabháil amach anocht. Ádh mór leis an phictiúr, a Mham.'

Mhúch Sabina an ríomhaire. D'amharc sí ar an phictiúr a raibh sí ag obair air agus ar na cnoic sa chúlra. Bhí na cnoic cosúil le achan chnoc eile i ngach phictiúr eile a rinne sí don taispeántas, ina seasamh amach liath in éadan na spéire.

Chonaic Sabina an cárta a tháinig sa phost ina luí ar bharr na deisce. Thóg sí agus léigh é. Cuireadh chuig seoladh leabhair Ghearóid Uí Cheallaigh. Bhí Gearóid ar an chúrsa ollscoile i U.C.D. ina cuideachta. Bhí meas aici air mar dhuine agus anois mar scríbhneoir. Bhí ceithre bhailiúchán gearrscéalta scríofa aige ó shoin agus duaiseanna bainte aige a bhí tuillte go maith aige, dar léi. Bhí sé ag seoladh a chéad úrscéal. Rinne sí suas a hintinn go rachadh sí ann tráthnóna.

Ag tiomáint go dtí'n chathair bhí Sabina ag smaointiú ar Bhrídín. Nuair a bhí Brídín ina páiste bhí Sabina ábalta an saol a fheiceáil frína cuid súl, bhí tionchar mór aige sin ar a cuid ealaíne — ar na dathanna, ar an ábhar agus ar an fhoirm féin. Ansin, nuair a d'éirigh sí níos sine is iomaí rud a rinne sí a thug spreagadh do Sabina. Ó d'imigh Brídín chun na hAstráile, chrothnaigh sí uaithi go mór í.

Pháirceáil Sabina an carr ar chúlsráid ar imeall na cathrach. Thaitin na siopaí beaga agus na bialanna ar thaobh seo na cathrach léi. An Bruach Clé a ghlaoití air. An t-ainm féin, bhí sé fileata, dar léi. Bhí daoine ina suí taobh amuigh ag ól caife agus ag caitheamh tobaca. Bhí go leor ealaíontóirí ag tarraingt ar an cheantar. Amanta chuir sé páirteanna de Pháras i gcuimhne di. Chuimhnigh sí ar an am a chaith sí féin agus Antoin saoire bheag i bPáras. Bhí sé tríocha bliain ó shoin. Antoin a bhí ag iarraidh a ghabháil ann an uair sin. Bhí sé go díreach i ndiaidh cúrsa ealaíne a chríochnú agus mheas sé gur Páras an áit a ba mhó a spreagfadh iad, gan trácht ar an iomrá a bhí air mar gheall ar chúrsaí grá agus rómánsaíochta. Bhí Sabina sásta a ghabháil leis agus d'fhoscail sé a cuid súl di. B'Antoin a spreag Sabina le bheith ina healaíontóir an chéad lá ariamh. Ach, de réir a chéile chuir sé níos mó suime i gcúrsaí margaíochta agus níos lú suime san ealaín. Ba mhór an trua, dar le Sabina, nó bhí lámh mhaith aige ar an ealaín.

Is annamh a dhéanfadh siad rud ar bith le chéile níos

mó. Ní raibh cuimhne aici an t-am deireanach a dteachaidh siad amach. Bhí Antoin i gcónaí gnaitheach ag an deireadh seachtaine agus go háirithe ó toghadh é mar uachtarán an chumainn.

Anois, agus í sa chathair, mhothaigh Sabina go raibh sí scaoilte saor. Bhí lúcháir uirthi gur fhág sí an teach. Thug sí fá dear na dathanna éagsúla ar na siopaí beaga, ní amháin sin ach bhí na fuinneoga maisithe go deas. Bhí ceol le cluinstin ó go leor siamsóirí sráide a bhí sa cheantar. Fuair sí boladh an chaife. Chuaigh fonn na háite i bhfeidhm uirthi. Rinne sí dearmad den obair a bhí le déanamh aici don taispeántas agus de na rudaí a bhí ag cur bhuartha uirthi agus lig sí dá hintinn díriú ar na rudaí uilig a bhí le feiceáil agus le cluinstin ag siúl na sráide di. Shiúil sí go mall ag caitheamh súl ar fhuinneoga na siopaí.

Stad sí taobh amuigh de shiopa carthanachta a dh'amharc ar na hearraí san fhuinneog; bréagáin agus neamhneachanna d'achan chineál. Seal fhaiteadh na súl chonaic sí a scáile san fhuinneog agus baineadh stangadh aisti. Bhí na rudaí san fhuinneog ar dhathanna an tuair cheatha ach bhí á scáile féin dorcha. Ba chosúil le duine í a d'fheicfeá i ngrianghraf dubh is bán, dar léi. Cóta liath a bhí uirthi, scairf dhubh, bróga dubha agus bearád dubh lena cuid gruaige, a bhí ag tiontú liath, ag gobadh amach as faoina bearád.

Chuaigh sí isteach sa tsiopa d'aonsiúl le héaló óna scáile agus mar gur chuimhnigh sí go raibh stór mór leabharthaí sa tsiopa chéanna an t-am deireanach a bhí sí ann. Chuaigh sí a fhad le coirnéal na leabhar. Thóg sí anuas an chéad leabhar a cheap a haird. Léigh sí an clúdach agus píosa den réamhrá.

Chaith sí súil thart ar an tsiopa agus le ruball a súl thug sí fá dear péire bróg dearg ar sheilf íseal in aice léi. Thóg sí ceann acu agus d'amharc ar a huimhir: 39; sin uimhir s'aici. Chaith sí di a cuid bróg agus chuir uirthi na bróga dearga agus shiúil sí cupla coiscéim iontu. Cé go raibh sáltaí arda orthu bhí siad compordach. Chuaigh sí a fhad le scáthán. Thaitin siad léi. Níor chaith sí bróga den chineál sin ariamh.

Chonaic sí scairf dhearg crochta in airde in aice an scátháin. Thóg sí anuas é. Scairf shíoda a bhí ann agus bhí dúil aici chomh bog agus bhí sé ar a craiceann. Chaith sí di an scairf dhubh agus chuir an scairf dhearg thart ar a muineál.

'Tá hata anseo. Rachadh sé go maith leis an scairf agus na bróga, dá mbeadh suim agat?' a dúirt an freastalaí, ag taispeáint an hata dheirg di.

Bhain Sabina di an bearád dubh agus chuir sí uirthi an hata dearg agus d'amharc uirthi féin sa scáthán.

'Fóireann sé duit,' a dúirt an freastalaí.

Cheannaigh Sabina an t-iomlán, an leabhar lena chois, agus d'fhág sí na seanbhróga, an scairf agus an bearád sa tsiopa charthanachta. Nuair a chonaic sí a cuid seanbhróg ina luí ansin ar urlár an tsiopa, smaointigh sí go raibh siad cosúil le bróga a chaithfeadh na mná rialta sa chlochar fada ó shoin. Bróga storrúla siosmaideacha.

Shiúil sí léi i dtreo na cathrach. Bhí a coiscéim níos éadroma. Bhí tormán ag na bróga úra nach raibh sí cleachtaithe leis. Stop sí le hamharc ar a scáile i bhfuinneog shiopa. Thaitin sé léi. D'aithin sí í féin arís.

Nuair a shroich sí an gailearaí bhí sé chóir a bheith a seacht a chlog. Bhí scaifte maith sa tseomra. Casadh Gearóid Ó Ceallaigh uirthi taobh istigh den doras.

'Sabina, tá fáilte romhat, is fada an lá ó chonac thú?'

Níor athraigh sé ó chonaic sí den chéad uair é ar an choláiste agus bhí an chanúint bhreá sin aige go fóill. Rinne sí comhghairdeas leis.

'Go raibh maith agat,' a dúirt sé. 'Chífead níos déanaí thú. Tá siad ag tosnú.' D'imigh sé de dheifre.

Cheannaigh sí cóip den leabhar agus fuair sí suíochán. D'aithin sí cuid den mhuintir a bhí i láthair. D'fhoscail sí an leabhar agus thoisigh ag léamh an réamhrá. Chuala sí an foilsitheoir ag cur fáilte rompu. Nuair a léigh Gearóid sliocht as a úrscéal, An Fánaí, bhí píosa a sheasaigh amach di. D'aimsigh sí sa leabhar é agus léigh sí di féin é: 'Thug sé cuairt uirthi an oíche sin; bhí sí ag ól branda agus ag caint léi féin i nglór milis bog: "Nach bhfuil an saol seo chomh haoibhinn? Tá sé chomh fíneálta agus síochánta; é lán de ghaotha taghdacha. Níl sa saol seo ach scáile daite, scáile daite..."'

Ní raibh deifre ar bith chun an bhaile ar Sabina agus shuigh sí tamall ar shuíochán san fhorhalla os comhair pictiúir de chuid Jack B. Yeats. Tháinig fear óg agus sheasaigh sé os comhair an phictiúir. Bhí gruaig dhorcha air. Bhí sé ag caitheamh éadach dubh uilig agus d'fhóir sé dó, shíl sí. Shuigh sí ag coimhéad air ag déanamh staidéir ar an phictiúr, ag síniú isteach iontach cóngarach don phéint leis na buillí scuaibe a scrúdú. Caithfidh sé gur ealaíontóir é, a dúirt Sabina ina hintinn féin.

Leis sin, siúd amach an t-údar agus a bhean, an foilsitheoir agus cupla duine eile ina gcuideachta.

'Sabina, táimid ag dul siar chun na hóstáin le bleaist fuisce a dh'ól agus an leabhar so a baisteadh; tá mé spalptha leis an dtart tar éis an mhustair sin go léir ... bí i dteannta linn,' a dúirt Gearóid.

'Go raibh maith agat, a Ghearóid, beidh mé anonn i gcionn tamaill,' a dúirt sí, cé nach raibh sí cinnte.

'A Mharcuis, ar mhaith leat a theacht linn? Tá fáilte romhat,' a dúirt bean sa chomhluadar ag caint leis an fhear óg ach dhiúltaigh sé go múinte agus d'imigh an baicle.

'Tá rud inteacht cumhachtach fán phictiúr sin,' a dúirt sí leis an fhear, nuair a bhí an mhuintir eile ar shiúl.'

'Deartháir don fhile é, nach é?'

'Is é.'

'Is maith liom an dóigh a dtearn sé na dathanna a mhaolú agus an dóigh a bhfuil na tonnta i gcodarsnacht lena chéile. Cuireann sé cuma dhrámatúil air.'

'Tá sin fíor,' arsa Sabina ag bogadh níos cóngaraí, 'agus nach tiubh atá an phéint aige? Deir siad go gcaithfeadh sé uaidh an scuab go minic agus go n-úsáidfeadh sé a chuid méar leis an phéint a spréadh ar an chanbhás.'

'Feiceann tú nach raibh eagla ar bith air.'

'Ní raibh agus ní raibh faitíos air cumadóireacht mhór a tharraingt air ach oiread; an méid sin gluaiseachta ar an chanbhás: farraige, spéir, daoine … ainmhithe.'

'Is maith liom an dóigh a nochtann na carachtair seo,' arsa seisean ag piocadh amach na snáimhteoirí, 'tá siad mar bheadh tonnáin solais ann.'

'*He brings light as only the great dare to bring light to the issueless predicament of existence*, a dúirt Beckett faoi.'

'Tá fios do ghnaithe go maith agat,' arsa an fear. 'Is mise Marcus Ó Briain, dála an scéil,' a dúirt sé ansin ag síneadh amach a láimhe.

'Sabina Uí Dhochartaigh atá orm, caidé mar tá tú?'

Leis sin bhuail an fón i mála Sabina. Chuaigh sí a rúscáil ina mála. A fear céile a bhí ann. Ghabh sí a leithscéal agus shiúil píosa uaidh le freagra a thabhairt.

'Bhí mé ag glaoch ar an fhón baile ach ní raibh freagra,' a dúirt an glór.

'Tá mé abhus sa ghailearaí ag seoladh leabhair. Ní raibh rún agam a theacht ach go díreach bhuail fonn mé agus d'imigh mé.'

'Tá mé ag teacht chun an bhaile amárach. Cruinniú an Aoine curtha ar ceal. An mbeidh tú ábalta mé a phiocadh suas?'

Fad agus bhí Sabina ag caint bhí sí ag amharc i dtreo Mharcuis. Chuir sé duine inteacht i gcuimhne di ach ní thiocfadh léi smaointiú cé hé. Rinne sí dearmad ar feadh bomaite ar caidé a bhí á rá ag Antoin.

'Cuirfidh mé glaoch ort as Heathrow. B'fhéidir go bhfaighinn babhta gailf isteach tráthnóna má bhíonn an lá maith. Tchífidh mé amárach thú mar sin.'

Chuir sí an fón ar ais ina mála agus bhí Marcus go fóill ina sheasamh ag an phictiúr. D'amharc sé thart ina treo.

'An bhfuil tú ag dul chuig an óstán?' a chuala sí í féin ag rá.

'Tá mise ag dul anonn tamall.'

'Ba bhreá liom a dhul. Níl mórán aithne agam ar aonduine. Níl mé i bhfad sa chathair. Tá mé go díreach ag déanamh tréimhse mar ealaíontóir cónaitheach anseo sa ghailearaí.'

'Is péintéir thú mar sin?' arsa Sabina.

'Bím ag déanamh mo dhícheall.'

'Cad ar mhaith libh le n-ól?' a d'fhiafraigh Gearóid daofa nuair a shiúil siad isteach. 'Tá suíocháin ag ár dtaobh anso.'

Fuair siad deochanna agus shuigh siad sa chomhluadar. I ndiaidh tamaill ghabh Sabina leithscéal agus d'imigh amach le toitín a chaitheamh.

Tháinig Marcus amach agus las sé féin ceann.

'Tá siad iontach tógtha fán pholaitíocht áitiúil, níl a fhios agam an rachaidh mé ar ais isteach,' a dúirt Marcus.

'Níl suim ar bith agam féin san ábhar ach an oiread. Tá mé ag smaointiú ar a ghabháil chun an bhaile. Ba cheart domh slán a fhágáil ag Gearóid.'

'Tá buidéal deas fíona as an Spáinn agam san árasán má tá suim agat a theacht anonn tamall, níl sé ach trasna an bhóthair.'

'Níl a fhios agam. Ba cheart domh a ghabháil chun an bhaile.'

'An bhfuil duine ar bith ag fanacht leat?'

'Níl, mar a tharlaíonn sé.'

'Caidé do dheifre, mar sin? Tá sé luath go fóill.'

Rinne Marcus dhá chupa caife. Shuigh Sabina ar an leaba mar nach raibh cathaoireacha ar bith sa tseomra. Shuigh Marcus ar an urlár.

'Cheannaigh mé seinnteoir ceirníní agus cupla ceirnín ag an mhargadh ... is maith liom an fhuaim atá aige.'

'Is maith atá a fhios agamsa an fhuaim sin. Bhí ceann againn sa bhaile nuair a bhí mé i mo dhéagóir,' a dúirt Sabina. 'Is fada ó chuala mé é.'

D'fhoscail Marcus buidéal fíona agus dhoirt sé amach dhá ghloine bhreátha. Thug sé ceann do Sabina. Chuir sé ceirnín de chuid Neil Young ar an deic agus chuir an tsnáthaid síos ar an chéad rian. Níor chuala Sabina an t-amhrán le blianta agus thug sé oíche áirithe ina ceann ... oíche a tharla blianta ó shoin ... í féin agus a cairde ag cóisir agus bhí fear ann a raibh sí i ngrá leis. Bhí sí saor ó bhuaireamh an tsaoil ag an am. Anois, bhí saol uaigneach aici. D'amharc sí ar Mharcus. Ní raibh sí ag iarraidh go dtiocfadh deireadh leis an oíche ... ní raibh sí ag iarraidh a ghabháil chun an bhaile go dtí an teach folamh, agus an leaba fholamh.

Ar maidin chuaigh sí féin agus Marcus a shiúl cois na habhna. Shiúil siad píosa fada, go dtí go raibh na bróga á ngortú. Bhí nead ag na healaí píosa amach agus chaith siad seal ag coimhéad orthu féin agus ar na héin eala sular phill siad.

D'amharc Sabina ar a huaireadóir. 'Caithfidh mé imeacht. Beidh Antoin ag teacht chun an bhaile tráthnóna.'

'An bhfeicfidh mé arís thú?'

'Níl a fhios agam ... b'fhéidir go mbeadh sin fútsa.'

'B'fhéidir ag do thaispeántas?'

'Thiocfadh leis sin a bheith rud beag anásta ... ach tá d'uimhir agam, cuirfidh mé scairt ort.'

'Déan sin...,' arsa Marcus.

D'imigh Sabina ag siúl i dtreo na háite ar pháirceáil sí a carr an tráthnóna roimh ré. Mhothaigh sí nach í an duine céanna agus í ag siúl fríd an Bhruach Chlé. Bhí na dathanna a bhí ar na sráideacha ag tabhairt ardú meanma di. Bhí sí ar a suaimhneas ann agus i dtiúin leis an timpeallacht. Bhí sí báúil leis an tsaol mhór. Stop sí sa tsiopa ar an bhealach chun an bhaile agus cheannaigh sí an bia agus an fíon is ansa le hAntoin. Choinnigh sí ag smaointiú ar Mharcus agus ar an mhéid a tharla eatarthu ach rinne sí iarracht é a chur amach as a ceann.

Chaith sí di na bróga chomh luath agus a tháinig sí isteach an doras agus chuir isteach sa phrios sa halla iad. Ghlan sí an teach ó bhun go barr.

An lá arna mhárach agus é ar an bhealach amach tháinig Antoin trasna ar na bróga dearga sa phrios.

'Cárbh as a dtáinig na bróga dearga sin atá lán lábáin?' a d'fhiafraigh sé de Sabina.

'Cheannaigh mé iad nuair a bhí mé sa bhaile mhór.'

'Ach caidé mar a fuair tú an lábán orthu?'

'Chuaigh mé ag siúl cois na habhna.'

'Agus nach bhfuil leathchéad péire bróg agat thuas an staighre?'

'Cheannaigh mé sa tsiopa carthanachta iad ... ní raibh siad ach cúig euro.'

'Bhuel, féadann tú iad a fhágáil ar ais sa tsiopa charthanachta. Bróga dearga ... caidé a bhí tú ag smaointiú air? Tá siad cosúil le bróga striapaí!'

'Tá nóisin ort!' a dúirt Sabina faoina hanáil. 'Éist, bhí mé fá

choinne focal a bheith agam leat fá chúrsa a bheas ag toiseacht
san Ionad Ealaíne gan mhoill, bhí mé ag smaointiú ar chur
isteach air.'

'Tá mé mall don chlub ... beidh Jeaic ag fanacht. Beidh mé
ar ais ag am dinnéara.'

Shuigh Sabina agus líon sí an fhoirm iarratais don chúrsa
eitseála. Chuir sí i gclúdach litreach é agus chuir stampa air.
Chuaigh sí isteach sa stiúideo. Sheasaigh sí os comhair an
tacais. Bhí a fhios aici caidé a bhí a dhíobháil ar na pictiúirí.
D'fhoscail sí dhá thiúb de phéint ola, ceann ultramairín agus
ceann dearg Veinéiseach; mheasc sí ar an phailéad iad go bhfuair
sí an corcra créúil a bhí á chuartú aici. Corcra donn an fhraoigh
a thug sí fá dear ag spréadh trasna na gcnoc le cupla lá.

Sheasaigh sí siar ón phictiúr agus d'amharc go géar air ar
feadh cupla bomaite. Ansin thóg sí an scuab agus thoisigh sí a
phéinteáil.

Cosmhuintir

NUAIR a díbríodh as a dtithe iad mhair siad sna heastáit thréigthe. Bhí siad beo ar an aer mar nach raibh bia le fáil. Cha raibh uisce le fáil ach an oiread mar go raibh an t-uisce imithe faoi thalamh. D'aimsigh siad tobar fíoruisce lá ach tháinig fear ón Bhord Uisce agus dhruid sé é. Dúirt na daoine go raibh tart orthu; níor thuig sé an focal.

Tháinig fear slándála agus dhíbir as na heastáit thréigthe iad siocair nár íoc siad na táillí tí. Dúirt na daoine go raibh siad gann ar airgead. Thoisigh seisean a gháire. Dúirt siad go raibh siad marbh leis an ocras; níor thuig sé an focal.

Chuaigh siad ó bhaile go baile ar lorg oibre. Bhí ceirdeanna acu ach dúirt fostóirí nach raibh a gcuid ceirdeanna ag teastáil uathu. Shiúil siad na bóithre. Sheiftigh siad conamar bídh ó láithreán fuílligh a bhí ag dul thar maoil. D'ól siad as bairille a bhí lán le huisce na spéire go dtáinig fear gardála agus thiontaigh ar a cheann é.

Shiúil siad thar dhroichead agus chonaic siad go raibh tuile san abhainn. Nuair a d'fhiach siad bolgam den uisce a ól, tháinig barda agus dúirt go raibh ceadúnas speisialta a dhíth. Chonaic siad bric is bradáin ina luí marbh fá bhruacha na habhna.

Shiúil siad a fhad le céidh. Chuaigh siad ar bord soithigh. Ní raibh a fhios acu cá raibh a dtriall. Thit ceo trom agus chuaigh an soitheach ar seachrán. Caitheadh an bád suas ar na carraigeacha. Tháinig mórchuid na ndaoine slán ach chuaigh deireadh a gcuid traipisí go tóin poill. Tháinig siad i dtír in áit choimhthíoch. Chonaic siad seantithe tréigthe agus chóirigh siad iad. Threabh siad agus shaothraigh siad an talamh. Níor aithin siad gur sa tír a d'fhág siad ina ndiaidh a tháinig siad i dtír, go raibh sé blianta fada ina dhiaidh sin.

Beidh ríl againn

TÁ SÉ de nós ag Mairéad agus a máthair amhrán a cheol nuair atá siad i mbóitheach na mbó ach níl siad ag ceol tráthnóna inniu. Níl le cluinstin ach spraisteacha an bhainne ag bualadh an channa stáin, an t-eallach ag análú agus an gamhain beag ag pusachán.

Tá máthair Mhairéad ina suí ar stól beag na dtrí gcos ag blí na bó; leis sin tógann an bhó a ruball agus buaileann ar thaobh a leicinn í. Leanann a máthair uirthi ag blí.

'Éist, a mháthair, éirigh thusa agus lig domhsa sin a dhéanamh,' a deir Mairéad.

'Tá tú i gceart, a thaisce. Luath go leor a bheas sé le déanamh agat.'

Nuair atá a máthair réidh ag blí, doirteann sí cuid den bhainne isteach i seanbhucáid a fhágann sí ag Mairéad le tabhairt don ghamhain. 'Ná bí thusa i bhfad i mo dhiaidh, mar beidh orainn muid féin a ghlanadh suas agus déanamh réidh gan mhoill,' a deir a máthair, ag imeacht amach.

Tá an gamhain óg anásta ag ól as an bhucáid agus glacann sé tamall ar Mhairéad tabhairt air deireadh an bhainne a dhiúrnadh. Tá an gamhain mar pheata beag aici. Nuair a scaoileann Mairéad an rópa, téann an gamhain díreach chuig a máthair agus toisíonn an bhó bhreac ag lí an ghamhna.

Tá Mairéad ar shéala an bóitheach a fhágáil nuair a thig glór a hathara ón lafta. Nuair a chluineann sí a hainm cuireann sí cluas éisteachta uirthi féin.

'An bhó bhreac agus na bachtaí agus leathchéad punta … caidé do bharúil de sin, a Chonaill?'

'Tá sin go breá leoga, a Sheáin. Croithfidh muid lámha air.'

'Bíodh sé ina mhargadh mar sin … níl caill air sin mar bhuta ag fear le cur lena hiníon. Seo do shláinte anois, a Chonaill.'

'Sláinte mhaith.'

'Bhéarfaidh tú aire mhaith di?'

'Nach cinnte agus an t-ádh orm í a fháil. Tá sí óg láidir agus beidh sí ina cuidiú mhór againn.'

Tógann Mairéad an bhucáid agus amach léi. Nuair a théann sí isteach chun an tí bíonn sí fríd a chéile ach ní fhaigheann sí seans an scéala a phlé lena máthair nó tá a haintín Maigí sa chisteanach ag fuint toirtín aráin. Téann Mairéad díreach suas chun an tseomra leapa. Tá a deirfiúr, Neansaí, ansin roimpi agus beirt ghirseach ina cuideachta; a cara, Anna, agus a col ceathar, Brídín.

Chomh luath is a thig Mairéad isteach tógann Brídín scuab urláir agus toisíonn sí a dhamhsa thart ar an tseomra.

Cailín deas í Mairéad bheag, cailín deas i gcónaí,
Cailín deas í Mairéad bheag is pósfaidh mé í Dé Domhnaigh.
Ó, beidh ríl againn, beidh ríl againn, beidh ríl againn Dé
    Domhnaigh,
Beidh ríl againn ar thaobh an chnoic agus cailín deas …

'A Bhrídín, in ainm Dé, an stadfaidh tú den ramás sin,' a deir Mairéad Sheáin Hiúdaí Naoise lena col ceathar.

Caitheann Brídín an scuab uaithi.

'Bhí sé chomh maith againn a bheith i dteach faire. D'fhéad sibh cuireadh a chur ar na mná caointe.'

Tarraingíonn Brídín cídeog dhubh anuas ó thairne an dorais agus cuachann ar a ceann é go dtoisíonn sí a chumadh amhrán truacánta:

Chonaic mé ar ball í, idir dáil agus pósadh.
Ochón agus ochón ó!

'An stadfaidh tú den amaidí, a Bhrídín. Nach dual dúinn a bheith pas brónach agus Mairéad ag imeacht ar maidin,' a deir Neansaí, deirfiúr óg Mhairéad.

'Níl sí ach ag gabháil suas go Mín an Iolair, shílfeá gur ag imeacht go Meiriceá atá sí leis na haghaidheanna fada atá oraibh.'

'An gcuideodh duine agaibh liom an pionna seo a chur i mo chuid gruaige?' a fhiafraíonn Mairéad agus í ag cuachadh a folt catach.

'Cad chuige nach ligeann tú dó ... nach bhfuil sé i bhfad níos deise scaoilte,' a deir Anna, 'agus ní bheidh tú a chaitheamh scaoilte ó seo amach.'

'Seo pionna a thug Gráinne Dhónaill Shíle domh nuair a tháinig sí as Meiriceá.'

Tógann Anna an pionna gruaige agus cóiríonn ina cuid gruaige do Mhairéad é.

'Is tú a dhéanfas an bhrídeog dhóighiúil,' a deir Anna, ag amharc ar scáile Mhairéad sa scáthán.

Cé go gcuireann Mairéad aoibh an gháire uirthi féin, dá mbeifeá á coimhéad sa scáthán, thabharfá fá dear an dreach brónach ar a haghaidh.

'Ar chuala sibh fán ghine bhuí óir a fuair Mairéad ó Mhaigí an Mhuilteora?' a fhiafraíonn Neansaí.

'Níor chuala,' a deir Anna agus Brídín d'aonghuth.

'Thug Maigí an Mhuilteora gine do Mhairéad s'againne ar choinníoll go bpósadh sí Conall an Ghleanna. Coinníonn sí i mbocsa istigh sa chófra é. Goitse, a Mhairéad, agus tabhair amach an gine go bhfeicfidh siad é.'

'Ach, níl faill agam....'

'Ó, le do thoil, a Mhairéad. Ní fhaca mise gine ariamh,' a deir Brídín.

'Ná mise. Caithfidh tú é a thaispeáint dúinn, le do thoil, a Mhairéad,' a deir Anna.

Tógann Mairéad amach an bocsa, fosclaíonn é agus taispeánann daofa an gine óir. Tógann Neansaí as an bhocsa é. Seasann Anna agus Brídín ag amharc go dúilmhear air.

'Do bharúil an dtabharfadh sí ceann acu domhsa?' arsa Brídín. 'Nach m'aintínse fosta í.'

'Ní dóiche go dtabharfadh, is í Mairéad a peata ... agus bhí sí i bhfách go bhfaigheadh sí áit mhaith suí,' a deir Neansaí.

'Is í mo charas Críost í,' a deir Mairéad, ag amharc go confach ar Neansaí. Leis sin tógann sí an gine as láimh Neansaí agus cuimlíonn le ciarsúir é sula gcuireann sí go cúramach isteach sa bhocsa agus ar ais sa chófra é.

Caitheann Brídín í féin síos ar leaba atá faoin fhuinneog.

'A Mhairéad, san oíche amárach beidh tú thuas sa ghleann i do luí sa leaba le Conall Nábla Néill.'

Beireann sí greim ar an bhabhstar agus déanann croí isteach leis.

'A Chonaill, a Chonaill.'

'Agus a mháthair, sean-Nóra Bhagaide, ina luí sa tseomra taobh thíos daoibh,' arsa Anna.

'B'fhearr daoibh a bheith suaimhneach mar sin,' a deir Brídín ag seitgháire.

'An dtig liomsa do chuid bróg dearg a chaitheamh, a Neansaí?' arsa Brídín agus í ag tógáil na mbróg amach as faoin leaba agus ag dingeadh a cuid cos isteach iontu.

Éiríonn Brídín agus faigheann greim ar Neansaí.

'Goitse agus déan cúpla coiscéim go bhfeicfidh mé an bhfuil mé ábalta damhsa sna bróga seo.'

Déanann siad cúpla cúrsa thart ar an urlár agus achan gháire astu. Faigheann siad greim ar Anna agus ar Mhairéad agus toisíonn an ceathrar a dhamhsa. Déanann Anna agus Brídín portaireacht béil fad agus atá siad ag teacht thart i lár an tseomra. I bhfaiteadh na súl stadann Mairéad a dhamhsa.

'B'fhearr dúinn a bheith ag gabháil síos gan mhoill,' a deir sí.

Téann sí a fhad leis an dreisiúr agus tógann sí bocsa beag a bhfuil seodra ann.

'Do bharúil an bhfuil na ceoltóirí chóir baile?' a fhiafraíonn Anna.

'An bhfeiceann sibh, tá triúr ag teacht aniar an caorán,' a deir Brídín, ag amharc amach ar an fhuinneog.

Amharcann Anna agus Neansaí amach.

'Sin Éamonn Shéimí 'Ac Aoidh ar chlé agus Jeaic Dhonnchaidh ar dheis, ach cé hé an tríú fear?'

'Tá sé cosúil le Mícheál Dhónaill Thuathail.'

Leis sin, titeann an slabhra a bhí Mairéad á cheangal fána muineál síos ar an urlár.

'Shíl mé go raibh sé sin in Albain,' a deir Brídín.

'Tá cuma na hAlbana thuas air, ceart go leor. Amharc chomh cóirithe leis.'

Téann Mairéad a fhad leis an fhuinneog le hamharc amach. Tiontaíonn sí ar shiúl ón fhuinneog go gasta. Deargann a haghaidh agus cromann sí go gasta leis an tslabhra a thógáil ón urlár. Tá an loicéad foscailte agus an pictiúr ar iarraidh. Téann sí ar a gogaide ag amharc faoin leaba ach níl a dhath le feiceáil.

'Fuist, cluinimse bocsa ceoil,' a deir Anna agus imíonn sí féin agus Brídín síos chun na cisteanaí.

Tógann Neansaí an pictiúr beag dubh agus bán ón urlár agus amharcann air sula dtugann sí do Mhairéad é atá ina suí ar an leaba agus cuma uirthi go bhfuil sí fríd a chéile.

'An gcuireann sé isteach an oiread sin ort?'

'Níl a fhios agam cad é atá tú a mhaíomh...'

'Déan dearmad de. Is é atá rómhaith aige ... má shíleann sé go raibh tusa anseo ag fanacht leis?'

Cuireann Mairéad an pictiúr ar ais sa loicéad agus druideann é.

'Éist, tá an ceol ar obair. An bhfuil tú réidh le ghabháil síos?' a deir Neansaí.

Tógann Mairéad cúpla ball éadaigh ón leaba agus filleann sí go cúramach isteach sa chása bheag atá ina luí foscailte ar an leaba iad.

'Gabh thusa síos. Beidh mise libh ar an bhomaite,' a fhreagraíonn sí.

Nuair atá Neansaí ar shiúl, téann Mairéad a fhad leis an fhuinneog agus tarraingíonn sí na cuirtíní. Amharcann sí thart ar an tseomra leapa ... ar áit na tineadh, ar na cuirtíní, ar an dá leaba agus ar an phictiúr ar an bhalla. Cé go bhfuil an pictiúr crochta sa tseomra le blianta, is fada ó d'amharc Mairéad i gceart air. Triúr ag obair ar an talamh atá le feiceáil ann, bean agus beirt fhear. Tá duine amháin cromtha ar a gcuid oibre ach tá cuma ar an bheirt eile go bhfuil a n-aird dírithe ar rud inteacht eile. 'Clog an Aingil' an t-ainm a chuala sí ag a máthair ar an phictiúr. Is cuimhin léi gur bhain a hathair an pictiúr ag basár i nDoirí Beaga blianta ó shoin.

Múchann sí an solas agus téann sí síos chun na cisteanaí.

Oíche réabghealaí atá ann. Tá na ceoltóirí ina suí taobh amuigh os comhair na fuinneoige. Tá na mná óga ag damhsa ar an tsráid os comhair an tí. Tá na fir ina seasamh ag an chlaí ag caitheamh toitíní agus ag comhrá. Tá comharsanaigh agus daoine muinteartha sa chisteanach ag comhrá agus ag ól tae.

'Ladies choice anois,' a deir fear de na ceoltóirí.

Tógann na cailíní óga stócaigh. Tá Mairéad ina seasamh in aice na gceoltóirí.

'A Mhairéad, caithfidh tusa an damhsa seo a dhéanamh fosta,' a deir fear de na ceoltóirí. 'Ní bhfaighidh tú an seans nuair a bheas tú pósta.'

'Déan deifre, a Mhairéad, tá muid ag fanacht libh,' a deir Brídín.

Siúlann Mairéad go mall i dtreo Mhícheáil atá ina sheasamh ar thaobh na sráide i scáth na gcrann. Toisíonn an damhsa. Ní labhrann Mícheál ná Mairéad. Coinníonn siad ag damhsa go bhfuil siad ag tóin an tí. Nuair atá siad as amharc stopann Mícheál go tobann.

'Tháinig mé chun an bhaile chomh luath agus a chuala mé … shíl mé gur gheall tú go bhfanófá?'

Ní dheir Mairéad a dhath.

'Níl mé rómhaith ag scríobh litreacha, ach bhí rún agam theacht chun an bhaile ag Nollaig.'

'Tá mo chleamhnas déanta.'

'Agus an bhfuil sibh chomh te teann sin i ngrá, an péire agaibh?'

'Ar a laghad bhí uchtach aige mé a iarraidh, tá sé díreach … agus tá an margadh déanta ag m'athair.'

'Nach bhfuil mé i mo sheasamh romhat anois i ndiaidh theacht fá do choinne?'

'Anois, nuair atá sé rómhall. Chuala mé m'athair ag caint le Conall níos luaithe ... tá sé ag tabhairt bachtaí agus an bhó bhreac mar spré liom.'

'Ach, níl sé rómhall.' Faigheann Mícheál greim sciatháin ar Mhairéad agus tarraingíonn sé chuige í. Cromann sí a ceann. Leis sin tig Neansaí thart tóin an tí.

'A Mhairéad, bhí muid do do chuartú ... ní raibh a fhios againn cá raibh tú.'

'Beidh mé leat anois,' a deir Mairéad.

Siúlann Mairéad go gasta i dtreo an dorais. Leanann Mícheál í agus nuair a thig siad a fhad le doras an tí siúd amach Conall agus bheir sé drochamharc ar Mhícheál atá ina sheasamh ar chúl Mhairéad.

'Goitse go ndéanaimid damhsa, a stór,' a deir Conall ag tabhairt a dhroma le Mícheál.

'Ná déan dearmad gur gheall tú damhsa eile domh, a Mhairéad' a deir Mícheál ag siúl isteach chun tí.

Toisíonn na ceoltóirí ar válsa. Titeann gathanna na gealaí agus réaltsolas ar na damhsóirí ar an tsráid. Shamhlófá gur taibhsí iad ag bogadh isteach agus amach as an tsolas. Tá an ceol ag treisiú le linn na hoíche agus ag gabháil i bhfeidhm ar a bhfuil i láthair ag an dáil. Shílfeá go raibh na réalta féin ag damhsa. Tá na toir luachra cois na habhna ag creathadaí mar a bheadh siad ag coinneáil ama leis an cheol.

'An bhfuil achan rud réidh agat don mhaidin?'

'Tá,' arsa Mairéad.

Faigheann sí an boladh biotáilte ar a anáil.

'Tá tú ag amharc galánta anocht, a Mhairéad,' a deir Conall, ag cur a láimhe ar a cuid gruaige.

'Go raibh maith agat.'

Tá súile na ndaoine ar Chonall agus ar Mhairéad agus iad

le feiceáil ag damhsa os comhair na fuinneoige. Tá Conall amscaí ar a chosa agus a mhéid iarrachta a dhéanann sé Mairéad a threorú ní éiríonn leis. Nuair a stopann an ceol faigheann Conall greim láimhe ar Mhairéad ach tarraingíonn sí a lámh ar shiúl agus toisíonn sí a chóiriú an pionna ina cuid gruaige.

'Beidh muidinne ag imeacht gan mhoill,' a deir Conall. 'Ba cheart duitse a ghabháil a luí ar ball beag; beidh lá fada agat amárach.'

Tamall ina dhiaidh sin, agus í sa chisteanach ag ní na soithí, bheir Mairéad fá dear go bhfuil a slabhra ar iarraidh. Amharcann sí fána choinne ar an urlár. Téann sí amach go bhfeiceann sí an bhfuil sé caite fán tsráid, áit a raibh sí ag damhsa.

'Ar chaill tú rud inteacht, a Mhairéad?' a fhiafraíonn Mícheál Dhónaill Thuathail, atá ina sheasamh ag coirnéal an tí.

'Mo shlabhra ... caithfidh gur thit sé nuair a bhí mé ag damhsa.'

Siúlann Mícheál i dtreo Mhairéad agus an slabhra leis ina lámh.

'B'é seo do shlabhra?'

'Is é ... cá bhfuair tú é?'

'Ina luí ar an tsráid ansin. Bhí sé briste agus chóirigh mé é,' a deir Mícheál ag tabhairt an slabhra di.

'Go raibh maith agat.'

'Ná habair é ... thiocfadh leat cúrsa damhsa a dhéanamh liom mar chomhartha buíochais.'

'Beidh an damhsa ag leanstan ar aghaidh sa chisteanach anois.'

Ceanglaíonn Mairéad an slabhra fána muineál.

'Dála an scéil, chonaic mé an pictiúr atá agat sa loicéad.'

'Rinne mé dearmad go raibh pictiúr ar bith ann.'

Tá an ceol ar obair agus le cluinstin ón chisteanach.

'Éist, tá siad ag bualadh an phoirt is ansa leat, a Mhairéad … *Hey Bonnie Lassie* … ní dhearna mé dearmad.'

Beireann sé ar a dá lámh agus tógann sé a dhamhsa í.

'An bhfuil cuimhne agat ar an oíche dheireanach a bhí mé anseo? Bhí muid thuas ar an lafta….'

Nuair a stadann an ceol, stadann siad a dhamhsa ach coinníonn Mícheál greim ar Mhairéad.

'Éist, a Mhairéad, níl sé rómhall dúinn … cad chuige nach n-éalaíonn tú liomsa anocht? Thiocfadh linn imeacht go hAlbain. Thiocfadh linn pósadh thall. Gheall mé duit go bpillfinn fá do choinne, nár gheall?'

'Ach, seo oíche mo dhála, tá mé le pósadh ar maidin amárach.'

'Déan dearmad den dáil. Seo do sheans dheireanach. Tá mé i ngrá leat … agus tháinig mé chun an bhaile chomh luath agus a chuala mé go raibh tú le pósadh.'

'Níl a fhios agam … caidé atá mé ag gabháil a dhéanamh.'

'Éist, a Mhairéad, beidh mise ag fanacht leat ag fuinneog do sheomra i gcionn leathuaire. Lig ort féin go bhfuil tú ag imeacht a luí agus ní bheidh a fhios ag aonduine go maidin … beidh muid leathbealaigh go Doire faoin am sin.'

Tá Mairéad fríd a chéile agus ligean sí osna dhomhain. 'Is fearr domhsa a bheith ag gabháil isteach … beidh siad ag fanacht liom.'

Coinníonn Mícheál greim daingean uirthi agus bheir póg di.

'A Mhairéad! A Mhairéad! An bhfuil tú ansin, a Mhairéad?' Cluineann siad glór a máthara.

'Caithfidh mé imeacht.'

'Beidh mise ag fanacht leat. Ná bíodh eagla ort.'

Tig a hathair agus tógann sé Mairéad amach ar an urlár nuair a philleann sí isteach chun an tí.

'Caidé mar tá mo ghirseach anois?'

'Go breá. An bhfuil a fhios agat, chuala mé tú féin agus Conall ar an lafta níos luaithe ag caint ar spré....'

'Arú, sin gnaithe na bhfear, a chroí. Ná bí thusa ag buaireamh do chinn fá dtaobh de.'

'Cá huair a chaithfeas tú an bhó agus na bachtaí a thabhairt do Chonall?'

'Fuist anois, ná bí gaibhte leis na gnaithí sin. Tá tú ag fáil fear maith. Agus tá sé sa chiall is aigeanta agat nó bhí deifre mhór air tú a phósadh.'

Amharcann Mairéad sna súile ar a hathair amhail is go raibh sí ag cuartú céille sna focail.

'Go raibh maith agat, a athair.'

'As caidé?'

'A athair, tá mé fíorbhuíoch díot ar son achan rud a rinne tú domh ... ná déan dearmad de sin.'

'Is tusa mo ghirseach bheag, a Mhairéad, agus ní athróidh rud ar bith sin, a thaisce.'

Tamall ina dhiaidh sin agus na ceoltóirí ag bualadh *Shoe the Donkey*, téann Neansaí agus Mairéad amach ar an urlár. Nuair atá an damhsa thart bheir Mairéad comhartha do Neansaí a ghabháil suas chun an tseomra agus imíonn sí féin suas le Neansaí ina diaidh.

'Ní chodlóidh mise sa tseomra seo a choíche arís,' a deir Mairéad, chomh luath agus a dhruideann sí an doras.

'Caidé an chaint atá ort ... nach dtig leat a theacht ar ais am ar bith?'

'Éist, a Neansaí, caithfidh tú cuidiú liom. Níl mórán ama agam.'

Tógann Mairéad cúpla ball éadaigh amach as an phrios. Cuireann sí sa chása iad. Dúnann sí an chása. Tógann sí an chása ón leaba agus fágann ar an urlár in aice na fuinneoige é.

Toisíonn sí a tharraingt anuas cótaí agus cídeoga atá crochta ar thairne crúcach ar chúl an dorais. Déanann sí rollóga daofa agus cuireann sí isteach faoin éadach leapa iad.

'Caidé an ealaín atá ort, a Mhairéad?'

'Níl mé ag iarraidh cuma rófholamh a bheith ar mo leaba, an bhfuil?' a deir Mairéad. Gach seans nach mbeidh mé ag dul a luí anocht. Agus an gine buí óir sin sa chófra ... an dtiocfadh leat é a thabhairt ar ais d'aintín Mhaigí?'

Cuireann Mairéad a cóta uirthi agus bogann sí i dtreo na fuinneoige.

'Ná déan é, a Mhairéad, ná déan ... muirfear muid.'

Fosclaíonn Mairéad an fhuinneog agus tógann an cása agus cuireann amach ar an fhuinneog é.

'Éist, a Neansaí, ná hinis d'aonduine: Tá mé ag imeacht go hAlbain.'

Seasann Neansaí agus a dá lámh lena taobh agus cuma bhuartha uirthi. Pilleann Mairéad agus bheir sí croí isteach di.

'Slán agat anois, a chroí. Cuirfidh mé fá do choinne amach anseo. Ná bíodh eagla ort.'

Tig na deora le Neansaí. 'Tabhair aire duit féin, a Mhairéad. Ní dhéarfaidh mise a dhath, ná bíodh eagla ort.'

Druideann Neansaí an fhuinneog, triomaíonn sí na deora agus pilleann sí ar ais chun na cisteanaí, cé go bhfuil sí fríd a chéile.

'Cá dteachaidh Mairéad?' a fhiafraíonn a máthair de Neansaí i ndiaidh tamaill.

'Chuaigh sí a luí ... bhí sí iontach tuirseach.'

'An créatúr ... tá lá fada roimpi amárach,' a deir a máthair.

'Tá leoga,' a deir Neansaí agus í ag smaointiú ar an turas a bheadh os comhair Mhairéad go hAlbain.

Tá an ceol le cluinstin ag Mícheál agus ag Mairéad agus iad

ag siúl anonn an caorán. Tiontaíonn Mairéad agus amharcann sí ar ais ar an bhaile. Tchíonn sí an teach beag aoldaite, báite i solas na gealaí. Baineann sí lán a dá súil as an radharc, amhail is go raibh a fhios aici nach bhfeicfeadh sí go deo arís é.

D'fhan an pictiúr sin léi fad agus a bhí sí beo. Agus í ag dul in aois, sa teach beag i nGlaschú, is minic a tharraing sí uirthi an scéal. 'An rud atá i ndán do dhuine, is doiligh a bhánú,' a deireadh sí i gcónaí ag deireadh a scéil.

Athchuairt ar an oileán

SHUIGH Gráinne Ní Dhuibhir léi féin ar an bhád farantóireachta. Bhí scaifte mór ar an bhád idir chuairteoirí agus oileánaigh; go leor daoine óga: scoláirí ag tarraingt ar choláiste samhraidh. Shuigh cailín óg ar an tsuíochán ag a taobh agus thoisigh a léamh leabhair. Tháinig a cairde a fhad léi agus thoisigh siadsan ag glacadh féinphiceanna leis an tír mór ag sleamhnú uathu sa chúlra. Bhí siad ag seitgháirí agus ag léimnigh thart mar a bheadh uain óga ann. Nuair a d'imigh siad amach ar deic, chuaigh an cailín ar ais chuig a leabhar. Thomhais Gráinne go raibh sí seacht mbliana déag. Bhí soineantacht na hóige scríofa ar a haghaidh.

Ag tarraingt ar an oileán chuaigh Gráinne amach ar an deic agus bhain sí lán a dá shúil as an radharc. Bhí sé fiche bliain ó chonaic sí an radharc céanna. Thoisigh na scoláirí agus na cuairteoirí a ghlacadh tuilleadh pictiúirí agus físeán. Cé nach raibh pictiúr ar bith ag Gráinne den am dheireanach a dtearn sí an turas, bhí sé soiléir ina hintinn.

Amach uaithi chonaic sí claíocha na gcloch mar a bheadh gréasán liath ar fud an oileáin. Shamhlaigh sí go raibh an radharc mar scáthán ar a saol féin: na cuibhrinn bheaga idir na claíocha mar mhíreanna éagsúla dá beatha agus an fharraige mhór mhistéireach ag líonadh agus ag trá de shíor thart orthu gan smacht, ionann agus nach raibh a fhios ag duine ar bith caidé a bheadh i ndán dó sa tsaol.

Thug sí a haghaidh ar an tsráidbhaile. Bhí an bealach cúng agus claíocha cloiche ar an dá thaobh. Bhí na scoláirí le feiceáil thíos ag scaipeadh thar na clocha ar an chladach. Bhí na claíocha chomh hard in áiteacha nach raibh le feiceáil aici ach na clocha liatha agus an spéir os a gcionn. Ní raibh fuaim le cluinstin ach crónán na farraige agus trup a cuid coiscéimeanna ar an bhealach mhór. Bhí an lá meirbh agus cé nach raibh léi ach mála beag éadrom, ba throm é nuair a chuaigh sí a shiúl in éadan na malacha.

Smaointigh sí ar na daoine a thóg na claíocha. Bhí sí cinnte go raibh scéal ag baint le achan chuibhreann bheag agus bhí scéalta ag baint leis na clocha féin. Nár mhór an trua go raibh na clocha balbh, dar léi.

I ndiaidh ceathrú uaire ag siúl, sheasaigh sí ag amharc ar ais i dtreo na farraige. Bhí bearradh ar an uisce agus bádaí le feiceáil ag gabháil idir na hoileáin agus tír mór. Thall agus abhus chonaic sí ainmhithe sna cuibhrinn bheaga idir na claíocha. Bhí eallach i gcuibhreann amháin, caoirigh i gceann eile agus cupla asal i móinéar beag thíos in aice na farraige. Chuala sí madadh ag tafann áit inteacht. Tháinig péire féileacán ag clupaidí os cionn an chlaí ina treo. Thuirling siad taobh le taobh ar fhearbán. As leo arís go fánach i ndiaidh bomaite, ceann acu bealach amháin agus ceann an bealach eile.

D'amharc Gráinne suas i dtreo an tsráidbhaile. Chonaic sí an seandún ar an phointe ab airde ar an oileán agus teach an phobail ar thaobh na láimhe clé de. Ní raibh sí cinnte cén áit a raibh an teach lóistín. Thart ar leathuair an chloig a ghlacfadh sé siúl aníos ón chéidh a dúirt bean an tí ar an ghuthán an oíche roimh ré.

Nuair a shroich sí barr na malacha chuir sí a taca le claí. Taobh thiar den chlaí chonaic sí minseach bhán agus meannán ag innilt sa chuibhreann bheag. D'amharc siad chomh síochánta ansin leo féin, a gcótaí bána ag seimhniú faoi fhriothamh na gréine taobh thiar de na clocha liatha. D'éist sí leo ag innilt ar an fhéar, gan fuaim eile ar an tsaol ach an fharraige mhór amuigh. Rith sé léi go raibh siad saor ó bhuaireamh. Tháinig focail amhráin ina ceann; amhrán a cheol a hathar di nuair a bhí sí ina páiste beag ag fás aníos i nDún na nGall:

Tá dhá ghabhairín bhuí agam
is minseach bhainne, minseach bhainne,
Briseann siad mo chroí ionam
á dtabhairt abhaile, á dtabhairt abhaile.

Chonaic Gráinne cupla scairdeitleán ag trasnú na spéire os a cionn agus rian fada mar fhionnadh gabhair fágtha ina ndiaidh. Ní raibh sé i bhfad gur imigh siad as amharc. Smaointigh sí ar a hiníon, Bláthnaid, a bheadh ag imeacht ar imirce chun na hAstráile i gcionn míosa. Ní thiocfadh léi fanacht sa bhaile mar nach raibh a dhath anseo fána coinne. Bhí a cairde uilig ag imeacht. Shamhlaigh sí Bláthnaid ag déanamh a bealach fríd an tsaol i dtír choimhthíoch i bhfad ó bhaile. Bhí sí neamhspleách agus bhí muinín aici aisti féin. Bhí sí cinnte go n-éireodh go geal léi. D'amharc sí suas ar na stríocacha a d'fhág na heitleáin ina ndiaidh sa spéir agus choimhéad sí iad gur leáigh siad san aer. Shamhlaigh sí gurbh iad an lorg deireanach a d'fhágfadh siad siúd a bhí ag imeacht as an tír.

Nuair a chonaic sí go raibh sí fá scread asaile den tsráidbhaile sa deireadh thiar thall, stop sí agus d'amharc sí go tír mór. Bhí na Beanna Beola ag leabhrú a gcinn thar dhroimeanna a chéile mar a bheadh siad ag beannú don oileán as tír mór. Tháinig gearán bán a bhí i gcuibhreann, ina rith ar chosa in airde i dtreo an bhealaigh mhóir. Shín sé a cheann amach thar an bhalla. Chuaigh Gráinne a fhad leis. Chuimil sí a éadan. Chonaic sí a scáile ina chuid súile móra brónacha.

Nuair a tháinig sí a fhad le teach mór liath agus gabhal sa bhóthar, ní raibh sí cinnte cén treo ar chóir di a ghabháil. Chonaic sí seanbhean ag teacht anuas an bóthar ina treo agus bata siúil léi. D'fhiafraigh Gráinne di cá raibh teach lóistín Uí Chonghaile.

'Níl aon aithne agam ar Roisín Uí Chonghaile ach tá go leor den sloinne sin ar an oileán. Tá teach lóistín ag muintir Uí Chonghaile siar an bóthar ansin. Tá … ar thaobh na láimhe deise. Teach mór bán le doras dearg,' a d'fhreagair an tseanbhean agus í ag síneadh an bata siúil i dtreo an tí lóistín.

'Rachaidh mé ansin. Lá maith agat anois.'

'Beannacht Dé leat.'

Shiúil Gráinne léi. Tháinig sí a fhad le teach tábhairne. Bhí sé maisithe le bocsaí agus le bascáidí lán de bhláthanna. Chonaic sí fógra ar an doras:

AN GRÚPA IOMRÁITEACH
THE ISLAND STONES
AR AIS AR AN OILEÁN

Bhí pictiúr den ghrúpa ar phóstaer mór san fhuinneog. D'aithin sí láithreach é. Sheasaigh sí bomaite. B'iomaí grianghraif de a chonaic sí sna páipéir. B'iomaí uair a smaointigh sí teagmháil a dhéanamh leis ach cha dtearn sí é go dtí seo. Ina seasamh ag amharc ar an phictiúr seo de féin agus an bhanna, tháinig beaguchtach uirthi. Bhí fonn uirthi pilleadh síos ar an chéidh agus ar ais go tír mór ar an chéad bhád. Ach ní rachadh ... d'fhan sí fiche bliain. Chan ar mhaithe léi féin a bhí sí anseo. Shiúil sí go gasta i dtreo an tí lóistín.

Tugadh seomra thuas staighre di le radharc ar Aillte an Mhothair. Shuigh sí os comhair na fuinneoige ag ól cupa tae. Áit inteacht thíos ansin idir í féin agus an fharraige mhór bhí leaba Dhiarmada agus Ghráinne. D'ól sí suas a cuid tae agus thug sí a haghaidh ar an tsráidbhaile. Chuaigh sí isteach go teach an phobail. Shuigh sí tamall ag amharc ar na fuinneoga gloine daite. Bhí a fhios aici gur Harry Clarke a dhear iad. Bhí sí faoi gheasa ag an ghorm; an gorm ba dheise a chonaic sí ariamh. Chuir sé súile gorma Bhláthnaide i gcuimhne di. Bhí na súile céanna aici is a bhí ag a hathair. Sular fhág sí, las sí coinneal agus dúirt sí paidir.

Lean Gráinne léi siar an bóthar faoi scáile bhallaí arda an dúin. Shiúil sí thar an teachín ina mbíodh Synge ag fanacht. D'fhág sí na tithe uilig ina diaidh agus lean sí an cabhsa. Ar chlé, bhí leacacha agus clocha liatha agus ar dheis bhí an fharraige mhór ag cur dathanna di; na clocha agus na leacacha chomh seasmhach i gcomparáid le suaitheadh na farraige móire. An dlúthcharraig ar thaobh amháin agus an duibheagán ar an taobh eile.

Nuair a shuigh sí ar an charraig ag Cathaoir Synge lig sí dá hintinn dul siar go dtí'n chéad uair a shuigh sí ann. Seacht mbliana déag a bhí sí ag an am. Cé go raibh sin fiche bliain ó shoin, tháinig an lá ar ais ina hintinn. Bhí sé chomh soiléir ina cuimhne amhail is gur inné a tharla sé.

Dhruid sí a cuid súl. Ní raibh le cluinstin aici ach rolladh na dtonn.

'Bhí fear istigh anseo scaitheamh ó shin, an fear a dhíol an scian sin *linn, agus dúirt sé dá dtosófá ag siúl ó na carraigeacha úd thall go dtógfadh sé seacht lá na seachtaine ort sula sroichfeá Dún na nGall,'* a dúirt Gráinne agus í ina suí ar an chathaoir.

'*Agus cén t-achar a thógfadh sé ar fhear ag imeacht ar bharr na farraige?*' Fear óg le gruaig chatach dhubh agus seaicéad leathair air a labhair. Bhí canúint Bhaile Átha Cliath aige.

'Níor shíl mé go raibh aonduine ag éisteacht,' a dúirt Gráinne.

'Lean ort ... ná lig domhsa cur isteach ort.'

Ach bhí náire ar Ghráinne ... ba mhaith léi go slogfadh an talamh í ... choinnigh sí ag stánadh go folamh i dtreo na farraige.

'Macdara is ainm domhsa.'

'Is mise Gráinne.'

'An bhfuil tú anseo leis an scaifte ón Ollscoil?'

'Leis an ghrúpa drámaíochta atá mé. Tá muid ag déanamh *Chun na Farraige Síos* sa halla anocht.'

'Rinne muid ar an scoil anuraidh é,' a dúirt Macdara. '*An bhfuil an fharraige go dona timpeall na gcarraigeacha bána, a Nóra?*' arsa seisean i gcanúint Chonamara.

'*Dona go leor, go bhfóire Dia orainn. Tá oibriú uafásach san iarthar agus níos measa a bheidh sé ag éirí nuair a chasfas an taoille i dtaobh na gaoithe,*' a d'fhreagair Gráinne.

Leis sin léim Macdara in airde ar an chlaí.

'Dá bhfeicfeá an fharraige thíos anseo fúm. An bhfuil tú ag iarraidh a theacht aníos?'

Bheir sé greim láimhe uirthi agus tharraing aníos ar an chlaí í. Bhí caorthacha farraige ann agus í ag briseadh ar na carraigeacha thíos fúthu. Tháinig mearbhlán ina ceann agus thóg Macdara síos í. Shuigh siad ar charraig mhór tamall. Tharraing Macdara tobaca as a phóca agus rinne sé toitín a rolladh. Las sé é, bain cupla tarraingt as agus thairg do Ghráinne é. Thóg sí é agus bhain cupla smailc as. Mhothaigh sí cigilt i mbarr a cuid méar agus thoisigh a croí ag rásaíocht. D'éirigh na dathanna san fharraige níos soiléire, shíl sí. Bhí torann na dtonn mar a bheadh ceol ag teacht chuici. Bhí fonn uirthi luí siar san fhéar.

D'inis Macdara do Ghráinne go raibh sé ina bhall do ghrúpa ceoil a bhí ag seinm sa teach ósta don tsamhradh. Ba's an oileán a mháthair ach rugadh agus tógadh i mBaile Átha Cliath é. Chaithfeadh an teaghlach an samhradh ar an oileán achan bhliain, a dúirt sé. D'imigh an bheirt acu ag siúl ansin suas fríd chuibhreann a raibh leacacha liatha ar an talamh agus stollairí ina seasamh thall agus abhus ann. Ní raibh deifre ar bith orthu. Luigh siad ar cheann de na leacacha liatha tamall ag amharc ar an spéir os a gcionn.

'An raibh a fhios agat go bhfuil leaba Dhiarmada agus Ghráinne ar an taobh eile den oileán?' a d'fhiafraigh Macdara di.

'Ní raibh a fhios.'

'Ar mhaith leat í a fheiceáil? An bhfuil tú ag fanacht cupla lá?'

'Tá mé ag imeacht ar maidin amárach.'

'Bhuel, thiocfadh linn dhul ann anois, más mian leat?'

Ar maidin lá arna mhárach shiúil Macdara Gráinne a fhad leis an chéidh. D'fhág siad slán ag a chéile. Bhí Macdara réidh le himeacht chun na Gearmáine ar thuras leis na *Island Stones*. Shíl Gráinne go raibh sí i ngrá leis an t-am sin agus bhris sé a croí nár scríobh sé chuici mar a gheall sé. Chuala sí iomrá ar an bhanna ceoil ó am go ham. Bhí siad sna cairteanna san Eoraip agus i Sasana. Léigh sí áit inteacht gur pósadh Macdara ar bhean as an Fhrainc. Ní fhaca sí Macdara ón lá sin a d'fhág sé slán léi ag an chéidh.

Cha dteachaidh Gráinne chuig an teach tábhairne go raibh sé mall. Bhí an cheolchoirm chóir a bheith thart. Nuair a chonaic sí Macdara ag dul amach doras an tí tábhairne i ndiaidh na ceolchoirme, chuaigh sí amach ina dhiaidh. Bhí sé ina sheasamh ag caitheamh toitín ag an choirnéal. Ní raibh aonduine eile thart agus chuaigh Gráinne a fhad leis.

'Ní dóigh liom go n-aithneoidh tú mé?'

'Tá mé buartha ... ní aithním,' a d'fhreagair sé.

'Gráinne.'

'Gráinne? Is iomaí Gráinne a casadh orm anuas fríd na blianta. Is maith liom do ghúna, dála an scéil, fóireann sé go mór duit. Ar mhaith leat toitín?'

'Níor mhaith, go raibh maith agat.'

'An bhfuil tú i do chónaí anseo ar an oileán?'

'Níl ... tá mé anseo ar cuairt.'

'Tá mé buartha nár aithin mé thú ... beidh deoch agat ar scor ar bith?'

Leis sin tháinig fear as an ghrúpa amach a fhad le Macdara agus dúirt go raibh siad ag fanacht leis istigh.

'Tchífidh mé níos moille thú,' a dúirt Macdara agus é ag múchadh a thoitín.

'Caithfidh mise imeacht anois,' a dúirt Gráinne.

'Éist, seo m'uimhir,' a dúirt Macdara agus é ag tabhairt cárta di.

Phill Macdara isteach chun an tábhairne. Chuala Gráinne an bualadh bos agus an ceol ag toiseacht arís. Shuigh sí tamall ar shuíochán adhmaid ar an tsráid. D'aithin sí an t-amhrán. D'amharc sí ar an chárta a thug Macdara di. Léigh sí é agus chuir i dtaisce ina mála é.

Nuair a tháinig sí chuici féin, thug Gráinne a haghaidh ar an teach lóistín faoi smál na hoíche. Chonaic sí na soilse ar tír mór ag damhsa mar choinnle beaga thall agus abhus sa dorchadas. Ní raibh sí ábalta an fharraige a fheiceáil ach bhí sí ábalta muirn na dtonn a chluinstin. D'amharc sí in airde agus chonaic sí go raibh siúl faoin ghealach agus go raibh coinlíní ar na réalta.

Amárach, d'inseodh sí an fhírinne do Bhláthnaid. Bhéarfadh sí an ceart sin di mar go raibh sé tuillte aici. D'inseodh sí gur Macdara Ó Conghaile, ceoltóir as an bhanna ceoil *The Island Stones* a hathair. Sular thit Gráinne ina codladh an oíche sin tháinig íomhá den mhinseach agus den mheannán a chonaic sí ní ba luaithe sa chuibhreann isteach ina hintinn. Tháinig tuilleadh focal as an amhrán chuici:

Siúd thar mhull' an chlaí iad
i bhfad ó bhaile, i bhfad ó bhaile.

El Camino

MHUSCAIL screadach Fiona. Thóg sí a ceann agus chonaic gur leanbh ar a cúl a bhí ag caoineadh. Chuir sí a ceann ar ais ar thaobh fhuinneog an eitleáin agus d'fhiach sí a dhul a chodladh. Chuimhnigh sí ar oíche eile a mhuscail screadach mar sin í, screadach a chuirfeadh eagla ort i lár na hoíche. Shíl sí ag an am gur duine inteacht a bhí i bpéin agus an t-am adaí d'éirigh sí ina suí sa leaba leis an screadach go fóill ag déanamh macalla ina cluasa. Las sí an solas beag ag taobh na leapa agus d'amharc sí thart ar an bharda. Bhí achan duine ina gcodladh. D'amharc sí ar an am, a ceathair ar maidin. Chuimhnigh sí ansin cá háit go díreach a raibh sí. Mhothaigh sí a croí ag preabadaigh, an t-allas ag briseadh ar a héadan. D'fhan sí ina suí mar sin tamall fada go dtáinig sí chuici féin. Mhúch sí an solas agus luigh sí siar arís sa leaba. Ní raibh ann ach tromluí, a dúirt sí léi féin, agus rinne sí a dícheall a dhul ar ais a chodladh. Bhí cuimhne mhaith aici ar an eachtra sin uilig go fóill cé go dtearn sí a dícheall dearmad a dhéanamh air. Bhí cuimhne aici lá arna mhárach ar an turas chun an bhaile, an dóigh a bhfaca sí páistí óga ag déanamh cuideachta i bpáirc súgartha, mar a d'amharc sí orthu ag stámhailligh thart go greannmhar ag cur iontais i ngach rud. Ba chuimhin léi mar a dhruid sí a súile ar an radharc. Mhothaigh sí í féin ag éirí tinn agus b'éigean di a theacht den bhus áit inteacht i lár Londain. Bhuail an teas ón chosán í agus shíl sí go raibh sí ag gabháil a thitim. Is cuimhin léi go dteachaidh sí suas chuig freastalaí taobh amuigh de chaife agus gur iarr sí gloine uisce air. D'amharc sé uirthi: 'You look like ... death warmed up,' a dúirt sé léi. Bhí cuimhne aici air sin. Agus bhí cuimhne aici sa leithreas in Heathrow, an dóigh ar scanraigh sí nuair a chonaic go raibh sí ag fuiliú chomh trom. A haghaidh sa scáthán ag ní a cuid lámh di ... í chomh geal bán. Choinnigh na focail *death warmed up* ag teacht ar ais chuici agus am ar bith a chuala sí an nath sin ó shoin chuir sé déistin uirthi. Ach ba sin blianta fada ó shoin, cad chuige a raibh sí ag smaointiú air sin anois, ar sise léi féin? Bhí sí ar turas agus níor cheart di a bheith ag tarraingt aníos cuimhní. Stad an leanbh a chaoineadh ar a cúl agus nuair a mhuscail Fiona bhí soilse Biarritz le feiceáil os a comhair amach fríd fhuinneog an eitleáin.

Shocraigh Fiona turas Naomh Séamus a dhéanamh léi féin; ní raibh cúis ar bith faoi leith é a dhéanamh léi féin ach gur bean neamhspleách a bhí inti i gcónaí agus nuair a chuirfeadh sí rud ina ceann ní bhainfeadh an diabhal féin amach é, mar a déarfadh a máthair léi go minic. Ach bhí sí ag súil leis an *Camino* a shiúl le blianta. Cheannaigh sí an ticéad, phacáil a bróga siúil agus d'imigh sí.

Ar an dara lá di ar bhealach Naomh Séamus, shroich sí Pamplona. Ar Puente de la Magdalena casadh beirt dheirfiúr uirthi a bhí ar an eitilt ón tSionainn léi agus chaith sí tamall leis na mná i gcaife beag sa chathair.

'Nuair a hinsíodh domh nach raibh agam ach sé mhí, sin an uair a rinne mé an cinneadh go rachainn ar an turas,' a dúirt an bhean ab óige.

'Agus anois, tá sí ag pleanáil a céad turas eile,' a dúirt a deirfiúr.

'Tá mé ag gabháil ar an *Orient Express* ó Londain go dtí an Veinéis,' ar sí go lúcháireach.

'Níl a fhios agamsa an mbeidh mé ábalta a ghabháil leat,' a dúirt a deirfiúr.

'Nár dhúirt mé go gceannóinn an ticéad ... níl gá agamsa le hairgead agus an méid beag atá agam, ní bheidh mé ábalta é a thabhairt liom,' a dúirt sí agus thoisigh sí a gháirí.

Chuir sé lúcháir ar Fiona an dóigh a raibh sí lán de bheocht an tsaoil.

'Ar mhaith leat siúl linn ó seo go Santiago?' a d'fhiafraigh a deirfiúr d'Fhiona.

'Go raibh maith agaibh, ach shiúil mé an fad seo liom féin agus ba mhaith liom leanstan ar aghaidh liom féin.'

Thuig an bheirt dheirfiúr a cás agus i ndiaidh lón beag d'fhág sí slán acu.

Chaith sí an oíche in *auberge* ag bean darbh ainm Señorita Doudas. Bhí sí féin agus a clann, a dúirt sí, ag tabhairt dídine d'oilithrigh leis na blianta. An tráthnóna sin shuigh Señorita Doudas i gcuideachta na lóisteoirí agus mhol sí áiteacha eile daofa le fanacht ar a mbealach. Thug sí comhairle faoin turas amach rompu agus chuir sí cóir leighis orthu siúd a raibh sé a dhíth orthu. Bhí mála leighis aici agus rinne sí a dícheall cuidiú a thabhairt san áit a raibh sé a dhíobháil. Mhothaigh Fiona gur bean chineálta í.

Ar an tríú lá agus í ag siúl thar fhíonghoirt, thar ghoirt de chrainn almóinne agus thar pháirceanna lán de phiobair dhearga, mhothaigh Fiona go raibh duine eile ag siúl lena taobh. D'amharc sí thart ach ní raibh duine ar bith ann. Tá mé ag rámhailligh leis an teas, a dúirt sí léi féin. Agus shiúil sí léi.

Ar an ceathrú lá ar an *Camino*, bhí turas fada roimh Fhiona agus uirthi siúl ó Villamayor de Monjardín go Viana. Nuair a shroich sí Los Arcos bhí an t-ádh dearg uirthi siopa beag a fháil foscailte a raibh gach dá raibh a dhíth uirthi le fáil ann. Shuigh sí síos le lón a ithe ag geafta reilige ar an bhealach amach as an bhaile mar bhí suíochán deas ann agus scáth le fáil ón ghrian. Ar gheafta na reilige, chonaic sí scríofa: *Yo fui lo que tú eres, y tú seras lo que yo soy.* Bhí breaceolas aici ar an Spáinnis ach bhí uirthi a foclóir beag Spáinnise a thabhairt amach le hiarracht é a thuigbheáil i gceart. Thíos ag bun an mhála a bhí an foclóir agus bhí uirthi rúscáil síos fríd achan rud le theacht air. Tharraing sí aníos péire bróg linbh. D'amharc sí orthu ar feadh tamaill: shíl sí go raibh siad sin curtha sa bhruscar aici.

Cupla lá sular fhág sí an baile bhí sí ag cuartú a cuid bróg siúil agus a mála droma don turas. Bhí an prios bunoscionn agus bhí uirthi achan rud a tharraingt amach. Tháinig sí trasna ar bhocsa cairtchláir ag bun an phriosa. Thóg sí amach é agus bhain an dusta den bhocsa. Baineadh preab aisti nuair a chonaic sí gur péire bróg linbh a bhí ann. Thóg sí amach go cúramach iad agus scrúdaigh sí iad. Bhí siad déanta de chorda an rí, dath bán orthu agus iad maisithe le féileacáin bheaga a bhí bándearg agus gorm. Chuimhnigh sí cárbh as a dtáinig siad, ar an lá a cheannaigh sí iad blianta ó shoin. Bhí siad curtha amach as a cloigeann aici, ach tháinig sé uilig ar ais chuici ina shruth. Chuir sí na bróga ar leataobh le caitheamh amach. Ghlan sí amach an prios nuair a bhí sí ag gabháil dó, agus chuir sí achan rud i mála dubh agus chaith sa bhruscar é; na bróga is uile ... nó sin mar a shíl sí. Anois, bhí na bróga i ndiaidh í a leanstan chun na Spáinne. Chuir sí na bróga ar ais sa mhála agus chuartaigh sí an foclóir.

Shuigh sí síos agus go fadálach d'oibir sí amach an chiall a bhí leis na focail a bhí scríofa ar an gheafta: Tá tusa anois mar bhí mise tráth, agus beidh tú mar tá mé anois.

Shiúil sí léi go Sansol agus ansin go Torres del Río. Chaith sí tamall ag coimhéad ar bheirt bhan ag cur piobair dhearga agus oinniún i bprócaí lena stóráil. Máthair agus iníon. Stad sí le hamharc orthu. D'amharc an mháthair ina treo, oiread is a rá: nach méanar duitse gan le déanamh agat ach a bheith ag siúl ar feadh an lae. Rinne Fiona comhartha lena lámh mar bheannacht agus chrom sí ar an tsiúl arís.

Bhog sí léi as sin i mbrothall an lae ag tarraingt ar Viana. I ndiaidh di siúl thar Eaglais Santa María agus an phríomh-chearnóg, Plaza los Fueros, bhain sí an teach lóistín amach. Bheadh sí ag fágáil bealach Naomh Séamus amárach.

An oíche sin, sula dteachaidh sí a luí, thóg Fiona amach na bróga beaga. D'fhág sí ina suí ar an tábla bheag ag taobh na leapa iad. I lár na hoíche d'éirigh sí agus phioc sí na greamanna a bhí fuaite sna féileacáin bheaga ar na bróga agus chuir sí na féileacáin i dtaisce i bpóca a mála.

Ar maidin lá arna mhárach, shiúil sí i dtreo Logroño. Thrasnaigh sí an droichead ar an Ebro, ag tarraingt ar Ardeaglais Santa María de La Redonda, a dhá chlogás mhóra le feiceáil go hard os cionn an bhaile. Bhí deireadh ag teacht lena turas. Nuair a shroich sí Logroño, chonaic sí dealbh na Maighdine Muire agus stad sí agus dúirt paidir. Chonaic sí go raibh bláthanna fiáine ag fás ar thaobh an bhealaigh os comhair an fhochla. Bhain sí na bróga beaga amach as a mála. Thug sí amach spúnóg a bhí léi ina mála agus rinne sí poll sa chréafóg ag taobh na mbláthanna. D'fhág sí na bróga ina suí sa pholl agus líon sí isteach le créafóg é. Ansin fuair sí cloch agus chuir i mullach an dumha é.

Chrom Fiona síos agus bhain sí samharcán buí amháin.

Thóg sí in airde é agus d'amharc go géar air. Shíl sí é a bheith galánta. Bhain sí na peitil dó, ceann ar cheann, agus choimhéad sí iad ag suaitheadh sa ghaoth. D'amharc sí in airde ar dhealbh na Maighdine Muire. 'Geallaim nach ndéanaim dearmad níos mó,' arsa sise.

Tháinig boladh milis na mbláthanna fiáine chuici. Chuala sí ceiliúr éin os a cionn. Shuigh sí san fhéar agus thóg sí amach na féileacáin bheaga a bhain sí de na bróga an oíche roimhe sin. Thóg sí amach a mála beag oíche a raibh snáthaid agus snáithe ann agus d'fhuaigh sí na féileacáin bheag dá mála siúil; dhá fhéileacán bhándearga agus dhá cheann ghorma. Nuair a bhí sin déanta, chuir sí a mála ar a droim agus thug sí faoin phíosa dheireanach den *camino*.

Thar an tairseach

'AN BHFUIL aonduine eile anseo?'

'Níl ... níl anseo ach mise!'

'Agus cé thusa?'

Seasann Nuala ag an fhuinneog ag amharc amach. Tchíonn sí an tSeisreach agus na réalta ag bruidearnaigh ar Bhealach na Bó Finne. Tá smúid ar an ghealach.

'Cén lá atá ann?' a fhiafraíonn an bhean eile di.

'Dé Luain.'

Dilín ó deamhas, ó deamhas.
Dilín ó deamhas ó dí.
Dilín ó deamhas, ó deamhas, ó deamhas,
Dilín ó deamhas ó dí.

Goirm i gcónaí, i gcónaí
Goirm i gcónaí domh.
Goirm i gcónaí, i gcónaí, i gcónaí
Maidin Dé Luain ab fhearr.

... a deir an bhean eile.

Lá bláth amháin seasann Nuala ag an fhuinneog. Tchíonn sí

bláthanna agus féileacáin ildaite fá dtaobh daofa. Tchíonn sí
grianán an fhíona a dtig friothamh na gréine ar a chúl.
Tchíonn sí fear ag siúl síos an bóthar.

'Tar ar ais,' a deir sí, ach ní chluineann sé í.

'Cén lá atá againn?'

'Dé Máirt.'

Ar maidin Dé Máirt bhí ábhar mór goil agam féin
Bhí na gloiní ar clár is iad lán amach go dtí an béal
Gach cumann is gach cás, a mhíle grá, a raibh eadrainn ariamh
Mo chúig mhíle slán le do lámh a bhí tharam is nach mbíonn.

... a deir an bhean eile.

Seasann Nuala ag fuinneog na cisteanadh ag amharc amach.
Níl aonduine ag teacht an bealach mór. Tá marbhán samhraidh
ann. Tchíonn sí sméara agus sú craobh ag fás ar bharr na
gcraobh. Tagann léaró de sholas na gréine isteach agus titeann
ar na bláthanna atá sa vása. Cluineann sí tic teaic an chloig.

'Cén lá atá againn?'

'Dé Céadaoin.'

Nuair a d'éirigh mé ar maidin Dé Céadaoin
Níor choisreac mé m'éadan, faraor,
Nó gur bheir mé ar an arm a ba ghéire
Agus chuir mé a bhéal le cloich líomhtha.

Dá mbeinnse seacht mbliana faoin talamh
Nó i bhfiabhras na leapa 'mo luí
A chéadsearc, dá dtigfeá 'gus m'fhiafraí
Scéal cinnte go mbeinn leat 'mo shuí.

... a deir an bhean eile.

Seasann Nuala ag an fhuinneog. Tchíonn sí madadh doininne sa spéir. Tchíonn sí cár bán ar an fharraige agus cuil nimhneach ar na spéartha. Cluineann sí an ghaoth mhór ag rúidealaigh agus ag béicigh. Tá seacht síon ar an aimsir.

'Cén lá atá ann?'

'Déardaoin.'

A Rí Déardaoine, maith ár bpeacaíne do dhein do dhlí a réabadh,
A Rí na hAoine, ná coinnigh cuimhne ar mo dhrochghníomhartha
  baotha,
A Rí an tSathairn, go síoraí achainím mé a thabhairt thar
  Acheron chaorthainn,
Faoi dhíon do thearmainn, trí ríocht an Aifrinn, suas go Parthas
  Naofa.

A Bhanríon oirirc, a Bhanríon shoilbhir, a Bhanríon sholais na
  gréine
Ní haon tsaibhreas atá uaim uaitse, ach leigheas ar dhochar mo
  phéine
Na sluaite borba a bhí ag gabháil ormsa is rug im' chodladh orm
  tréimhse,
Cuir cogadh orthu mar churadh cosanta is tabhair ón ghoradh Lá
  an tSléibhe mé.

... a deir an bhean eile.

Suíonn an bheirt bhan ag an tábla. Itheann siad arán. Ólann siad tae. Éisteann siad leis an nuacht. Cogaí, gortaí, tuilte, tubaistí. Taobh amuigh den fhuinneog tá spideog bhroinndearg ar chraobh ag gabháil cheoil. 'Nach méanar duit!' a deir Nuala.

Téann sí chuig an fhuinneog agus ghní sí iarracht é a fhoscailt ach ní féidir léi. Tá sí faoi ghlas.

'Cén lá atá ann?'

'Dé hAoine.'
Triallfaidh mo thórramh tráthnóna Dé hAoine,
Agus ar maidin Dé Domhnaigh fríd na bóithre os íseal,
Tiocfaidh Neilí agus Nóra agus ógmhná na tíre,
Is beidh mé ag éisteacht lena nglórtha faoi na fóide is mé sínte.

... a deir an bhean eile.

Téann Nuala a fhad leis an doras agus ghní iarracht é a fhoscailt ach tá sé faoi ghlas. Téann Nuala a phóirseáil, a rútáil, a shéirseáil. Tiontaíonn sí an teach bunoscionn. Tá sí ar lorg eochrach. Níl fáil uirthi.

'Cén lá atá againn?'
'Dé Sathairn.'

Faoiseamh a gheobhadsa
Seal beag gairid
I measc mo dhaoine
Ar oileán mara,
Ag siúl cois cladaigh
Maidin is tráthnóna
Ó Luan go Satharn
Thiar ag baile.

... a deir an bhean eile.

Seasann Nuala ag an fhuinneog. Tá saighneáin sna glinnte agus tagann gach dealramh isteach ar an fhuinneog go formhothaithe mar bheadh cuimhne nach raibh sásta a ghabháil chun dearmaid. Tá a samhailteacha mar bheadh tonnta móra ann ag neartú agus ag búirthigh i dtús doininne.

'Cén lá atá ann?'
'Dé Domhnaigh.'

Ní fheicim bádaí 'gabháil an barra,
Ní fheicim daoine amuigh ag snámh,
Ní fheicim slóite Domhnach Earraigh,
Síos fán Bháinsigh mar ba ghnách.
D'imigh an spórt as Tóin an Bhaile,
D'éag an seandream a bhí sámh,
Mo chumhaidh 'na ndiaidh nach mór a' chaill é
Iad bheith scartha uainn mar tá.

... a deir an bhean eile.

'An bhfuil aonduine eile anseo?' a deir an bhean eile.

   'Níl ... níl anseo ach mise?'

   'Agus cé thusa?'

   Tógann Nuala an casúr. Siúlann sí a fhad leis an doras. Toisíonn sí a bhualadh buillí ar an doras le hiomlán a cuid urraidh. Déanann an bhean eile iarracht í a stopadh. Ach coinníonn Nuala uirthi.

   Briseann sí an doras anuas.

   'Slán leat,' a deir Nuala.

   'Cá bhfuil tú ag gabháil?' a deir an bhean.

   'Níl mé cinnte,' a deir Nuala.

   'Mo chúig chéad slán leat,' a deir an bhean eile.

Siúlaim as an smionagar, céim ar chéim,
Leanaim rian na réalta Bealach na Bó Finne siar.
Manrán an tsrutháin is drandán na mbeach meala
Is ceiliúr na céirsí 'mo chomóradh sa tslí.

Déanaim mo bhealach fríd chríocha aineolach'
As scáth an tsléibhe go ciumhais na trá.
M'intinn chomh suaite le muirn na dtonn
Faighim faoiseamh i bhfaoil-cheol na mara tráth.

Glór nach n-aithním le loinneog cheolmhar
Ag baint macalla as na beanna 's ag ardú mo chroí.
Teannann téada mo ghutha le focail mo mheanma
Is le bé na héigse 'mo threorú téim mo bhealach féin.

Idir cleith agus ursain

THARRAING Gráinne an chídeog a bhí caite ar an urlár thart uirthi féin agus rinne í féin a chuachadh inti. Bhí gach ball dá corp ar bharra creatha. D'fhan sí ina luí san áit ar thit sí ar an urlár go raibh sí cinnte go raibh sé ina chodladh. Bhí sí loitithe agus greadfach ina taobh agus ina droim agus ní raibh sí cinnte an mbeadh sí ábalta bogadh.

Le gach díoscadh a chuala sí ag clár urláir, shamhlaigh sí go raibh a fear céile ag teacht ina treo arís le greasáil eile a thabhairt di. Bhí a croí ag bualadh chomh hard sin agus go raibh eagla uirthi go gcluinfeadh sé é ag preabadaigh ina cléibh.

Luigh sí ansin chomh critheaglach le luchóg a bheadh ag iarraidh ceathrú anama ar chat, an boladh biotáilte sa tseomra ag cur fonn orla uirthi.

Chonaic sí an t-irisleabhar a bhí sí a léamh sa leaba ní ba luaithe ina luí ar an urlár. Bhí sé foscailte ar leathanach ar a raibh pictiúr de theaghlach ina suí thart ar thábla ag ithe béile — athair, máthair agus beirt pháistí. Bhí cuma shona orthu, aoibh an gháire orthu uilig. Dhún sí a cuid súile.

Nuair a chuala sí Diarmaid ag srannfaigh, rinne sí lámhacán boilge trasna an urláir a fhad leis an tseomra folctha.

Ní raibh tapadh inti; b'éigean di stopadh achan chúpla bomaite de bharr na péine a bhí ina cliabh. Nuair a shroich sí an seomra folctha, dhruid sí an doras agus chuir sí an glas air.

Mhothaigh sí rud beag ní ba shábháilte ach ní ligfeadh an eagla di an solas a chur ar siúl ar eagla go musclódh fuaim an ghaothráin Diarmaid. Tháinig sámhán laige uirthi agus shuigh sí ar chlár an leithris. Chrom sí a cloigeann go bhfuair sí thairis.

Bhí eagla uirthi go raibh a cuid easnacha briste. Bhí sí cinnte nach stopfadh Diarmaid ach go bé gur lig sí uirthi féin go raibh sí gan aithne gan urlabhra. Thuig sí ansin gur chuma le Diarmaid cé acu bhí sí beo ná marbh.

Nuair a fuair sí a hanáil léi chuaigh sí a fhad leis an doirteal, chas an sconna agus dhoirt braon uisce ina bos agus d'ól sí bolgam. Chuir sí a lámh ar a haghaidh agus mhothaigh sí an t-at faoina súl. Bhí eanglach ina gaosán agus ina leicinn.

Chuimhnigh sí go raibh cógais phianmhúcháin sa chófra. Choinnigh sí greim daingean ar an doirteal go bhfuair sí na cógais as an chófra. Chaith sí dhá tháibléad. Bhí sí ag cur na gcógas ar ais sa chófra nuair a leag sí buidéal táibléad. Bhain sé cleatráil as na tíleanna. D'éist sí go cúramach. Níor chuala sí a dhath. D'fhan sí socair ... d'ól braon beag eile uisce, ansin shuí ar chlár an leithris arís.

Chuimhnigh Gráinne ar an chéad uair a thóg sé lámh léi. Thug sé buidéal cumhráin mar bhronntanas di ar a breithlá. Lig sí don bhuidéal titim ar an urlár agus rinneadh smionagar de. An chéad rud eile bhí sí sínte in áit na mbonn ar an urlár. Tharla sé chomh tobann sin nach dtiocfadh léi é a chreidbheáil. Ba mhór an trua nár shiúil sí amach an lá sin ach thug sí maithiúnas dó nó shíl sí nach raibh ann ach seachrán a tháinig air agus gheall sé nach dtarlódh sé arís.

Anois bhí sí tuartha tuirseach den tsaol a bhí aici. Nach mbeadh áit ar bith ní b'fhearr ná gleann na bpian inar mhair sí? Choinnigh na focail a dúirt Diarmaid nuair a shíl sé í a bheith ó cheap agus ó choisíocht ar an urlár ag teacht ar ais chuici — 'Rannfainn do cheithre chnámha ar a chéile, a bhitseach gan úsáid!'

Níor thuig sí cén fáth a raibh sé chomh bródúil i gcónaí nó cén dóigh a dtiocfadh leis ligint air féin nár tharla rud ar bith. Caidé mar a fágadh san fhaopach seo iad? Cén fáth a raibh fuath aige uirthi? Caidé a rinne sí contráilte? Choinnigh sí cluain ar na deora. Caidé an mhaith di bheith ag gol in áit na maoiseoige? 'Seo báire na fola,' a dúirt Gráinne ina hintinn féin. Mura ndéanaim anois é ní dhéanfaidh mé choíche é!

D'éirigh sí agus bhain sí an glas den doras agus d'fhoscail go réidh é. D'éist sí. Chuala sí Diarmaid ag séidearnaigh. Théaltaigh sí amach as an tseomra folctha agus anonn an t-urlár. Choinnigh sí leathshúil ar a fear céile sa leaba. Bhí sé ina chnap codlata; níor chorraigh sé. Smaointigh sí ar chúpla ball éadaigh a fháil as an phrios. Bheadh sé ródhainséarach. D'fhoscail sí an doras go cúramach agus amach léi. Chuaigh sí síos an staighre. Tharraing sí uirthi cóta. Thóg sí a mála agus a fón póca agus na heochracha agus amach an doras tosaigh léi.

Nuair a chonaic sí go raibh carr Dhiarmaid sa bhealach b'éigean di pilleadh. Ámharach go leor bhí na heochracha ina suí ar bharr an tábla sa halla. Bhog sí a charr agus dhing na heochracha isteach ar bhosca na litreach. Rinne siad trup mór nuair a bhuail siad an t-urlár. Dheifrigh sí a fhad lena carr.

Chuir sí an glas ar na doirse nuair a shuigh sí isteach.

D'amharc sí suas i dtreo fhuinneog an tseomra leapa. Bhí na dallóga druidte agus ní raibh solas ar bith le feiceáil. Chas sí an eochair agus thiomáin sí síos an bóthar i dtreo an tsráidbhaile. Nuair a shroich sí an croisbhealach ní raibh sí cinnte cén treo a rachadh sí. Thiontaigh sí ar dheis, gan fhios aici cá raibh a triall.

Bhí a lámha ar crith agus d'amharc sí fá choinne áit ar thaobh an bhealaigh leis an charr a tharraingt isteach go bhfaigheadh sí deis í féin a shocrú. Tharraing sí isteach i gcarrchlós an ollmhargaidh. Chuimhnigh sí go raibh uimhir i dtaisce aici ina sparán. Nuair a d'fhoscail sí a mála chonaic sí go raibh sé lán sliogáin bheaga trá. Smaointigh sí ar an lá ar an trá leis na páistí. Sin a raibh fágtha aici anois, conamar beag ... bhí achan rud briste ... achan rud caillte anois.

Nuair a d'imigh Diarmaid a dh'imirt gailf an lá roimh ré, shocraigh Gráinne na páistí a thabhairt chun na trá. D'ullmhaigh sí picnic dheas; phacáil sí tuáillí agus cultacha snámha agus d'imigh siad. Ag trasnú an droichid daofa, thug Gráinne fá dear an áit a dtugadh siad Sraith an tSeagail air, faoi dhealramh na gréine. Bhí sé lán de chloigíní gorma agus d'fhearbáin féir. Chonaic sí an tseanáithe aoil ansin ina lár. Mhuscail sé mearchuimhne ina hintinn ach tháinig an t-aighneas ó chúl an chairr.

'Níl a leithéid de rud ann agus dobharchú!' a bhí Eoin ag rá.

'Tá fosta! Mar chonaic mise é!' a d'fhreagair a dheirfiúr.

'Agus chonaic mise *aliens* ar an lána....'

'Tá sé ina chónaí faoin droichead, a dúirt Aoibhinn.'

'Agus creideann tusa achan rud a deir do chara Aoibhinn!'

'Sé! Agus creideann tusa achan rud a deir do chara Caomhán,' a dúirt Éimear.

'Éistigí, a pháistí! Cé acu trá arbh fhearr libh a ghabháil chuige?'

'An trá dhearg,' a dúirt Eoin go gasta.

'An trá bhán,' a dúirt Éimear.

'An trá dhearg,' a dúirt Eoin arís.

'Bán.'

'Dearg.'

Nuair a bhí an phicnic déanta agus a sáith ite acu, chuaigh Éimear a thógáil caisleáin sa ghaineamh agus thoisigh Eoin a chiceáil báil. Shuigh Gráinne ar ruga ag amharc ar na páistí agus ag léamh leabhair. Ní raibh a hintinn air, áfach.

'Cad chuige nach dtéann muid a shnámh?' a dúirt Diarmaid.

'Níl mo chulaith shnámha liom....'

'Ach, nach cuma! Nach bhfuil sé ag gabháil ó sholas ... cé atá ag gabháil do d'fheiceáil?' a d'fhreagair sé, ag caitheamh de agus ag imeacht ina rith i dtreo na habhann.

'Seo, an bhfuil tú teacht?'

Chaith sí di agus lean sí isteach é. Bhí sé corradh is fiche bliain ó shoin ach chuimhnigh sí air ach oiread is gur inné a tharla sé ... ach anois mhothaigh sí go raibh siad ag snámh in éadan an tsrutha.

'A mhamaí! A mhamaí! Amharc! Is mise an bhanfhlaith agus seo mo chaisleán,' a dúirt Éimear, nuair a bhí an caisleán tógtha aici.

'Tá sé galánta, a thaiscidh.'

'Thig leatsa agus le Daidí agus le hEoin a theacht a chónaí ann fosta. Tá sé mór go leor dúinn uilig.'

'Níl mise ag iarraidh a bheith i mo chónaí i gcaisleán,' a dúirt Eoin. 'B'fhearr liomsa a bheith i mo chónaí i dteach mór i Manchain agus a bheith ag imirt do Man United.'

Thart ar a sé a chlog tráthnóna, mhothaigh Gráinne an fuacht agus thoisigh sí a chruinniú achan rud le chéile agus chuir sí an ciseán picnice agus na tuáillí agus deireadh isteach sa charr.

Ní raibh na páistí ag iarraidh an trá a fhágáil. Lig sí daofa leanstan den spraoi go raibh deireadh istigh sa charr aici. Chonaic sí go raibh pictiúr maisithe le sliogáin trá tarraingthe ar an ghaineamh ag Éimear. Bhí sé deartha i gcruth croí aici agus na hainmneacha Diarmaid, Gráinne, Éimear agus Eoin scríofa aici taobh istigh. Sular fhág siad an trá, ghlac Gráinne cupla pictiúr de na páistí.

'Tóg pictiúr de mo chroí agus de mo chaisleán álainn, a mhamaí,' a dúirt Éimear.

'Tógtar dúnfoirt chun go leagtar iad,' a dúirt Eoin agus é ag ciceáil an bháil i dtreo an chaisleáin.

Cé nár lig Éimear a dhath uirthi féin d'aithin Gráinne go raibh sí briste.

'Seo, ná bí buartha,' a dúirt Gráinne ag déanamh croí isteach léi, 'tá an pictiúr agam sa cheamara.'

'Nach bhfuil an trá mór go leor agat le bheith ag ciceáil do bhál thart?' a bhagair Gráinne ar Eoin.

'Ach, ní mise a rinne sin. Wayne Rooney a rinne é ... imríonn sé níos fearr ar an trá dhearg ... sin an fáth a dteachaidh an cic sin ar fóraoil.'

'Bhí muid ar an trá dhearg an lá deireanach ... agus an tseachtain roimhe sin ... faigheann tusa do dhóigh féin i gcónaí,' a dúirt Éimear agus í ag tógáil an bháil.

'B'fhearr liomsa Caoimhín Ó Casaide lá ar bith,' a dúirt sí lena deartháir ag ciceáil an bháil amach sa lán mara.

'Stadaigí, le bhur dtoil, a pháistí!' a scairt Gráinne. 'Thógfadh an callán atá agaibh blaosc na cloigne de dhuine ... tá an t-am againn a bheith ag imeacht.'

Chuaigh Eoin amach sa tsáile agus fuair sé an bál agus thoisigh Éimear a phiocadh suas na sliogáin.

'Gheobhaidh muid rud inteacht deas sa tsiopa ar an bhealach go teach Mhóraí,' a dúirt Gráinne agus iad sa charr.

Stop Gráinne ag garáiste ar an bhealach chun an bhaile agus cheannaigh sí uachtar reoite agus milseáin do na páistí. Cheannaigh sí cáca milis agus brioscaí le tabhairt léi go teach a máthara. Bhí na páistí ag gabháil a fhanacht i dtigh a máthara an oíche sin, mar a rinne siad gach oíche Dhomhnaigh nuair a bhí an scoil druidte. Bhíodh sé de nós ag Diarmaid agus Gráinne a ghabháil go dtí an teach ósta oíche Dhomhnaigh, tráth den tsaol. Cé nach dteachaidh siad amach oíche Dhomhnaigh le fada an lá anois, níor lig Gráinne a dhath uirthi féin lena máthair.

Chaith Gráinne uair an chloig i dtigh a máthara agus thart ar a hocht a chlog thiomáin sí chun an bhaile.

Tar éis na nuachta ar a naoi, choimhéad Gráinne scannán ar an teilifís. B'annamh a fuair sí an deis a rogha rud a choimhéad. Sula dteachaidh sí a luí d'ullmhaigh sí cupla ceapaire do Dhiarmaid agus chuir sa chuisneoir iad. Chuaigh sí suas an staighre ar leath i ndiaidh a haon déag. Ar feadh tamaill léigh sí irisleabhar a bhí ina fhorlíonadh leis an nuachtán agus thit sí ina codladh agus na spéacláidí uirthi faoi mar a thit go minic.

Bhí sé i ndiaidh an mheán oíche nuair a tháinig Diarmaid chun an bhaile. Thóg sé neart trup agus tormáin sa chisteanach. Chuala Gráinne é ag líonadh an chitil agus ag foscailt an chuisneora. Bhí sí leath ina codladh nuair a tháinig sé aníos an staighre agus é ag strócadh mionnaí móra. Faoin am a chuala Gráinne an tamhach táisc, bhí sé rómhall agus ní raibh faill aici teitheamh go dtí an seomra folctha.

'Tae dubh, an bé...? Tae dubh, a bhitseach...!'

Choinnigh sí an t-inneall ar siúl mar go raibh sí fuar. Shoiprigh sí í féin sa chóta mhór. Bhí an carrchlós folamh agus an solas ard flannbhuí a bhí taobh thiar di ag caitheamh scáile thall is abhus. D'amharc sí ar an am — a cúig a chlog. Caidé a dhéanfadh sí anois? Cá háit a rachadh sí? Chuig a cara, Anna? Thuigfeadh sise a cás. Nuair a chlis ar a pósadh bliain ó shoin thug Gráinne achan tacaíocht di. Nach beag a shíl sí an t-am sin go mbeadh sí féin sa bhád chéanna. Chaithfeadh sí fanacht tamall, ní thiocfadh léi glaoch uirthi go fóill. Ní thiocfadh léi a ghabháil go teach a máthara ach an oiread. Níor mhaith léi go bhfeicfeadh a máthair ná na páistí mar seo í. Chas sí air an raidió.

Now those memories come back to haunt me —
they haunt me like a curse.
Is a dream a lie if it don't come true
Or is it something worse?

Bruce Springsteen a bhí ag ceol; amhrán a raibh dúil mhór aici féin agus ag Diarmaid ann. Chuimhnigh sí ar an cheolchoirm i Sláine. Chuaigh siad suas ar an bhus agus d'fhan siad i dtigh lóistín i mBaile Átha Fhirdhia. Bhí an leaba ag gliúrascnaigh agus ar maidin níor tháinig siad anuas fá choinne bricfeasta mar go raibh eagla orthu gur chuala achan duine iad.

Cheannaigh siad na t-léinte agus chaith siad an lá arna mhárach iad. Choinnigh sí ceann s'aici. Bhí sí aici áit inteacht. Ach níl sé agam anois, smaointigh sí. Bhí sí sa bhaile cosúil le achan rud eile — a cuid éadaí, leabhair, seodra, an cupla píosa beag a bhí aici. Nár dheas dá mbeadh siad i ngrá mar sin arís.

B'fhéidir go n-athródh Diarmaid a chuid béasa dá dtabharfadh sí seans eile dó? Las sí an solas agus d'amharc sí ar a haghaidh sa scáthán. Bhí marc dorcha ar a leiceann faoina súile. Chóir a bheith nár aithin sí í féin. Bhí droch-chuma uirthi. Diarmaid ba chúis leis. Thóg sí buidéal beag bonnsmididh as a mála agus rinne sí iarracht an marc a chumhdach

ach níor éirigh léi. D'amharc sí uirthi féin arís sa scáthán agus
mhúch sí an solas go gasta. Tháinig na deora léi. Nuair a bhí an
racht curtha di mhothaigh sí rud beag ní b'fhearr. Thriomaigh
sí a haghaidh.

D'amharc sí ar an fón, ní raibh sé ach leath i ndiaidh a cúig.
D'amharc sí ar an phictiúr a bhí ar an scáileán, pictiúr de
Dhiarmaid agus di féin agus de na páistí, an lá a chuaigh siad
chuig an zú — Éimear a chuir suas é. Bhrúigh sí na cnaipí gur
aimsigh sí an painéal rialúcháin agus d'athraigh sí an pictiúr.
Chuir sí pictiúr de na páistí mar chúlbhrat úr ar an fón.

Thóg sí a mála agus chuir sí a lámh isteach agus thug
amach píosa páipéir. D'amharc sí ar an uimhir a bhí scríofa air.
Ní raibh sí ábalta é a dhéanamh....

Rachadh sí chuig a cara, Anna. D'inseodh sí an scéal uilig di.
Gheobhadh sí cupla ball éadaigh ar iasacht uaithi. Chaithfeadh
sí cuma a chur uirthi féin sula rachadh sí go teach a máthara
leis na páistí a bhailiú!

Thiocfadh léi féin agus na paistí fanacht i dtigh lóistín sa
bhaile mhór ar feadh cupla oíche. D'fhoscail sí a sparán. Bhí
ochtó euro ann. Smaointigh sí ar an airgead a bhí i dtaisce aici
sa Chomhar Creidmheasa. B'fhéidir gur fhéad di glaoch a chur
ar an uimhir chabhraigh ... bheadh siad ábalta lóistín a chur ar
fáil daofa i dtearmann do mhná agus do pháistí. Bheadh siad
sábháilte ansin.

Ach ní bheadh ann ach rud sealadach. Chaithfeadh sí áit
chónaithe bhuan a fháil di féin agus do na páistí. Chaithfeadh
sí scoil úr a chuartú daofa. Ní bheadh siad ábalta fanacht sa
cheantar ná sa chontae fiú. Níl a fhios cén áit a rachadh siad.
Bheadh uirthi a ghabháil ar ais ag obair go lánaimseartha.
D'amharc sí thart ar an charrchlós. Bhí sé fuar, folamh.
Chonaic sí soilse cairr ag teacht. Tháinig eagla uirthi. Mhúch

sí an t-inneall. Choimhéad sí an carr go dteachaidh sé thart. Smaointigh sí gurbh fhearr di giota a bhaint de, ar eagla go dtiocfadh Diarmaid á cuartú. D'amharc sí ar an fón ... bhí sé chóir a bheith a sé. Bhí sé róluath glaoch a chur ar Anna go fóill.

Smaointigh sí ar na páistí ... bheadh siad ina gcodladh. D'amharc sí ar an phictiúr ar an fón. Tháinig tocht ina sceadamán ach choinnigh sí cluain ar na deora. Chas sí an eochair sa charr agus thiomáin sí amach as an charrchlós agus nuair a tháinig sí a fhad leis an chroisbhealach stop sí. D'amharc sí ar chlé — an bealach chun an bhaile — an áit ar chaith sí na deich mbliana dheireanacha dá saol. Ní bheadh sí ag pilleadh ann go deo. Thiontaigh sí an rotha ar dheis.

An mhurúch bheag

RITH MÉ an bealach uilig chun an bhaile. Ba bheag nach raibh mé ábalta labhairt nuair a shroich mé an teach: 'Níl Mamaí le feiceáil áit ar bith, ar an trá … sna méilte….' Bhí orm stad le m'anáil a fháil. 'Tá a cuid bróg ina luí sa mhuiríneach. Scairt mé agus scairt mé….'

Nuair a chonaic mé chomh scanraithe is a d'éirigh Daidí, bhí mé buartha gur dhúirt mé rud ar bith. Nuair a phill sé ar ais chun an chladaigh liom, bhí na bróga go fóill san áit ar fhág mé iad. Shiúil muid fríd na méilte agus an trá ach ní raibh mo mháthair le feiceáil. I ndiaidh tamaill tháinig ceo isteach ón fharraige agus dhruid anuas ar an trá agus ar na méilte. Bhí an bheirt againn ag scairtí, ach ní bhfuair muid freagra. Ní raibh le cluinstin ach muirn na dtonn agus screadach na n-éanacha mara.

Bhí sé barr láin nuair a shocraigh muid pilleadh chun an bhaile agus fuair Daidí seans fios a chur ar na gardaí. D'iompair mise a cuid bróg chun an bhaile liom.

Rud inteacht a chonaic mé ag lonrú sa mhuiríneach a tharraing m'aird ar na bróga ar tús. Bhí siad leathchlúdaithe ag an ghaineamh a shéid ón trá. D'aithin mé iad. Bróga gorma le buclaí airgid. Thóg mé iad go cúramach. Phioc mé na píosaí beaga cannabhair daofa agus chroith mé an gaineamh astu. Shíl mé go bhfuair mé boladh an tsáile astu. Bhí mé cinnte nach mbeadh mo mháthair i bhfad ar shiúl. D'amharc mé thart ach ní raibh sí le feiceáil fán trá. Smaointigh mé gur imigh sí ag siúl fríd an dumhaigh. Shocraigh mé go bhfanainn ansin léi nó smaointigh mé go dtiocfadh sí ar ais go dtí'n áit ar fhág sí a cuid bróg.

Ansin, thug mé fá dear lorgacha cos sa ghaineamh. Lean mé iad. D'iompair mé na bróga liom, ag coinneáil greim maith orthu. Smaointigh mé b'fhéidir gur ag snámh a chuaigh sí, ach ní raibh aonduine le feiceáil sa tsáile. Bhí an fharraige ag teacht isteach agus an lán mara ag glanadh amach lorgacha na gcos. Shiúil mé i dtreo na mbeann ar cheann na trá agus mé ag coinneáil súil ghéar ar an chladach. Scairt mé arís, ach níor phill orm ach macalla mo ghlóir ó na hailltreacha. Scanraigh sé mé.

Shuigh mé ar chreag ar imeall an chladaigh, cinnte nach mbeadh mo mháthair rófhada ar shiúl agus go bhfeicfinn í ag teacht i mo threo bomaite ar bith. Bhain mé díom mo chuid bróg agus chuir mé mo chosa i mbróga mo mháthara. D'éirigh mé agus shiúil mé cupla coiscéim iontu, bhí siad i bhfad rómhór agam. Smaointigh mé gurbh fhearr domh a ghabháil ar ais go dtí an áit a dtáinig mé ar na bróga, ar eagla go mbeadh sí á gcuartú

Nuair a tháinig mé ar ais go dtí an áit, shocraigh mé pilleadh chun an bhaile go n-inseoinn do m'athair. Thug mé amharc amháin eile ar an trá agus amach chun na farraige ach ní raibh le feiceáil ach na hoileáin agus na creagacha, agus amuigh ansin ag bun na spéire, na trí Mhic Uí gCorra ina stacáin dhoilbheacha.

Bhí sé geallta ag mo mháthair le cupla lá mé a thabhairt chuig an sorcas. Bhí muid le ghabháil ag am lóin an lá sin agus bhí mise ag gabháil as mo chraiceann ag smaointiú air. Nuair a d'inis sí domh ar maidin nach mbeadh muid ag gabháil, baineadh mealladh mór asam agus thóbair gur bhris na deora liom. Nuair a d'fhiafraigh mé di cad chuige, níor dhúirt sí a dhath, ach d'fhan ina seasamh ag an doirteal ag amharc amach an fhuinneog tamall fada. D'imigh sí amach ansin agus choimhéad mé í ag gabháil a fhad le teach an bháid, áit a raibh m'athair ag cóiriú eangach. Lean mise go tóin an tí í, ach stop mé ansin mar gur chuala mé glór m'athara ag scairtí go hard agus phill mé isteach chun an tí arís. Shíl mé gur chuala mé doras ag greadadh agus nuair a d'amharc mé amach chonaic mé mo mháthair ag gabháil amach an geafta agus ag tabhairt a haghaidh ar bhóthar na trá. Bhí mise réidh le hí a leanstan nuair a tháinig m'athair isteach.

Nuair a d'fhiafraigh mé de cá dteachaidh Mamaí ní dhearn sé ach a cheann a chroitheadh.

'Tá mise ag gabháil go bhfeicfidh mé cá dteachaidh sí,' a dúirt mé.

'Fan bomaite,' ar seisean agus é ag cur a láimhe ina phóca. Tharraing sé aníos nóta fiche euro: 'Seo don sorcas,' arsa seisean.

Léim mo chroí. Ghlac mé an t-airgead agus amach an doras liom agus d'imigh mé ar chosa in airde ar thóir mo mháthara go rachadh an bheirt againn chuig an sorcas.

Cupla lá roimh ré, tháinig mé trasna ar phictiúr a bhí dingthe isteach ar chúl an phriosa sa chisteanach. Pictiúr de mo mháthair ag caitheamh gúna gairid gorm clúdaithe le seacainí. Bhí rón mór le bál ar a shrón ar sheastán ag a taobh agus 'Duffy's' scríofa ar chomhartha os a cionn. Nuair a d'fhiafraigh mé de mo mháthair fán phictiúr, thóg sí uaim é agus dhing isteach ina póca é.

'Nach deas an chulaith a bhí ort, a Mhamaí?'

'Ní raibh ann ach culaith bhréige.'

'Ach, bhí tú cosúil le banphrionsa álainn; na seacainí agus an choróin ar do cheann.'

'Níl ann ach seanphictiúr a glacadh fada ó shoin sula dtáinig tú ar an tsaol.'

'An raibh tú ag obair ag sorcas Duffy's, a Mhamaí?'

'Bhí mé cóirithe mar sin go díreach don phictiúr, a thaisce.'

Bhí an teach lán daoine an oíche sin, idir dhaoine muinteartha agus chomharsanaigh ach cuireadh suas a luí mise. Tháinig m'aintín Brídín aníos le deoch sheacláide the chugam agus shuigh sí ar cholbha na leapa agus thoisigh a chomhrá agus a dh'inse scéalta greannmhara domh, ag iarraidh mé a mhealladh. Ní fhaca mé ariamh chomh beoite í. Ansin, shocair mise go n-inseoinn mo rún di: 'Chonaic mé Mamaí agus í ina suí amuigh ar an chreag mhór. Bhí culaith airgid uirthi. Bhí cíor aici agus í ag cíoradh a cuid gruaige.'

'Is maith sin ... agus ar labhair sí leat?'

'Bhí sí ag ceol. Ansin, d'imigh sí as amharc go tobann. Meas tú an dtiocfaidh sí ar ais chun an bhaile?'

'Is deacair a ráit. B'fhéidir go bhfuil sí sona san áit a bhfuil sí. Beidh sí ag amharc i do dhiaidh ná bíodh eagla ort.'

'Agus do bharúil an bhfuil daoine ina gcónaí thíos faoin fharraige?'

'Thiocfaí go bhfuil. Níl a fhios ag aonduine againn sin.'

'Tá a fhios agamsa, nach bhfaca mé Mamaí san fharraige?'

'Chonaic cinnte, a thaisce. Anois ól suas do chuid seacláide agus gabh a chodladh.'

Gheall m'aintín domh go mbeadh achan rud go breá, ach bhí rud inteacht ag inse domh nach raibh sin fíor. Ghlac sé tamall fada domh a ghabháil a chodladh. Tháinig cuimhní isteach i mo cheann in éadan mo thola. Smaointigh mé ar amanta a d'éireodh mo mháthair ciúin inti féin. Thiocfadh cuma bhrónach ar a haghaidh agus dhéanfainnse iarracht gáire a bhaint aisti. D'inseoinn scéal, nó déarfainn rann greannmhar inteacht, ach ní dhéanfadh sé difear ar bith. D'fhanfadh sí ag amharc go brionglóideach amach i dtreo na farraige. Smaointigh mé ar na hamanta sin agus, sular thit mé i mo chodladh, shamhail mé go bhfaca mé mo mháthair ina suí ag bun na leapa ag cíoradh a gruaige.

An oíche sin bhí brionglóid agam. Sa bhrionglóid bhí mé ag snámh san fharraige le mo mháthair. Bhí an bheirt againn ag gáire. Bhí greim láimhe aici orm. Thum muid síos faoin uisce agus ní raibh eagla ar bith orm. Chuaigh muid síos go domhain faoin fharraige. Chonaic mé rudaí sa bhrionglóid sin nach dtiocfadh liom cur síos a dhéanamh orthu.

Chuala mé daoine ag caint thíos an staighre. D'éirigh mé agus chuaigh mé go barr an staighre agus d'éist. Chuala mé bean ag rá go bhfaca duine inteacht mo mháthair ag gabháil isteach sa phuball mhór a bhí leis an tsorcas thíos ar na machairí. Chuala mé bean eile ag rá go raibh an sorcas ar shiúl, gur imigh siad i lár na hoíche.

Lean an cuartú tamall fada, naoi nó deich de laethe, ar an fharraige agus fá na cladaí, ach níor tháinig siad ar mo mháthair. Bhí mise ag stopadh le m'aintín ar an tsráidbhaile i rith an ama seo. Nuair a tháinig mé chun an bhaile, bhí Aifreann tórraimh ann agus chuir m'athair cros bheag san áit a bhfuair mise a cuid bróg.

Nuair a chuaigh mé ar ais chun na scoile, d'fhiafraigh an múinteoir díom fán rud a tharla agus d'inis mise scéal di. D'inis mé di mar a chonaic mé Mamaí ag snámh thíos faoin uisce: 'Ar tús, chuala mé ceol ag teacht ó bhealach na farraige;

ceol draíochtach. Bhí sé íseal an chéaduair ach d'éirigh sé níos airde de réir a chéile.

'Chonaic mé deilfeanna ansin ag léimtí san uisce. Leis sin nocht bean le gruaig fhada rua ina measc. Bhí sí ag caitheamh culaith fhada ar dhath an airgid agus bhí sé clúdaithe le lanntracha. Shuigh sí ar chreag mhór agus thoisigh sí a cheol amhráin agus í ag cíoradh a cuid gruaige. Chuir sí mo mháthair i gcuimhne domh.

'Chuaigh mé go ciumhais na trá agus sheasaigh mé ansin a dh'amharc ar na deilfeanna agus an bhean rua agus mé ag éisteacht lena glór binn. Agus leis sin, d'imigh sí isteach san uisce agus chuaigh sí as amharc. D'fhan mé tamall eile ar an trá ag súil go bpillfeadh sí ach ní fhaca mé a dhath ina dhiaidh sin agus stad an ceol.'

Ba léir domh nach raibh achan duine chomh tógtha le mo scéal.

'An bhfeiceann sibh an rón beag; maighdean mhara a bhí ina máthair,' arsa girseach sa chlós ag gáire fúm.

'Maighdean mhara ... sin ceann maith! Ní chreideann aonduine é. Nach bhfuil a fhios ag an domhan mór gur bádh do mháthair?' a dúirt girseach eile.

'Nó b'fhéidir go bhfuil sí i gcró áit inteacht?'

'Cró sorcais b'fhéidir?' a dúirt an tríú girseach.

Thoisigh siad ar rann ansin:

'Bhfaca sibh an mhurúch bheag a chaill a mamaí?
Chaith sí di na bróga is shiúil sí síos cois cladaigh,
D'fhág lorg coise ar an trá is d'imigh leis an ghaoth
Tá sí anois ag snámh le dúlamán na binne buí.

D'fhág a mamaí is chuaigh sí thar dhroim na mara,
Lorg a coise ar an trá, d'imigh leis an ghaoth,

Tá sí ag baint fúithi amuigh fá na Mic Uí Ghorra,
Ar chreag i lár na farraige a dhéanann sí a scíth.

Ach níor lig mise dá gcuid cainte cur isteach orm. Bhí an
fhírinne ar eolas agam. Nuair a d'inis mé do m'athair fán rann
agus fá na rudaí a bhí na páistí ar an scoil ag rá, dúirt sé liom
gan aird a thabhairt orthu. D'inis m'athair domh go raibh
mamaí rómhaith don tsaol seo agus go raibh saol eile aici áit
inteacht eile.

'Agus cad chuige ar fhág sí a cuid bróg ina diaidh sa
mhuiríneach?'

'Mar nach bhfuil gnaithe aici leo san áit a bhfuil sí, a
thaisce.'

'Caithfidh mise iad nuair a bheas mé mór,' a dúirt mise.

Ach tá rún docht agam nach scaoilim le aonduine go deo. I
lár na hoíche nuair atá m'athair ina chodladh agus an teach uilig
fá shuaimhneas, sin an t-am a théimse amach ar an fhuinneog.
Rithim síos an bóthar liom féin, agus síos go himeall na trá.
Bíonn mo mháthair ag fanacht liom ansin. Bheir sí croí isteach
domh. Beireann sí greim láimhe orm agus téann an bheirt
againn san fharraige mhór. Coinníonn sí greim orm nuair a
théann muid síos faoin uisce. Nuair a thagaim ar ais, téim
isteach a luí arís go suaimhneach agus ní bhíonn a fhios ag
duine ar bith gur éirigh mé as an leaba. Ní insím do dhuine ar
bith é. Rún atá againn eadrainn féin.

Ag téarnamh chun baile

NUAIR A THÁINIG mé amach chun an gharraidh ar mochóirí ar maidin, bhí gréasáin dhamháin alla crochta ar na toir, a bpéarlaí drúchta ag lonrú mar a bheadh clocha beaga i gCoróin Mhuire a chrochfadh oilithreach ar an chrann coill ag Tobar an Dúin.

Chuala mé éan ag ceiliúradh ar chraobh os mo chionn, ag fáiltiú roimh na maidne, shílfeá. Luisnigh ga gréine ar an chrann fuinseoige agus thoisigh an solas ag síothlú anuas go mall idir a chraobhacha. Chuir sé i gcuimhne domh gur Tarlach a chur an crann sin … nach iontach mar a mhaireann an chraobh ar an fhál nuair nach maireann an lámh a chur? Chuir ceol an éin aoibhneas ar mo chroí.

Tchítear domh go bhfuil na duilleoga atá fágtha ar na crainn go fóill ag teannadh mar a bheadh siad ag déanamh a ndícheall greim daingean a choinneáil ar an chraobh. Cluinim siosarnach os mo chionn agus samhlaím go bhfuil na duilleoga ag cogarnach eatarthu féin ar eagla go gcluinfeadh gaoth an fhómhair iad is go scuabfadh sí léi iad go deo.

Chuala mé crónán i mo chluasa agus shíl mé go raibh beach ag druidim in aice liom. Thoisigh mé a chroitheadh mo chuid lámh, ag iarraidh an bheach a sheilg uaim, ach loic mo chroí nuair a chonaic mé nach i mo gharradh a bhí mé ar chor ar bith, ach ar mo leaba sa teach altranais. Dhruid mé mo chuid súl arís, ag guí le Dia go mbeinn ar ais i mo gharradh beag nuair a d'fhosclóinn iad. Bhí mé dóchasach mar go raibh an crónán adaí go fóill i mo chluasa, ach nuair a d'fhoscail mé mo shúile arís bhí mé go fóill i mo sheomra sa teach altranais.

Dhírigh m'aird ar ghréasán damháin alla a bhí os cionn na fuinneoige. Chonaic mé go raibh cuileog bheag, a bhí ceaptha sa ghréasán, ag déanamh a seacht ndícheall í féin a scaoileadh saor. Chuir sí an gréasán ar crith lena cuid streachailte. Stad sí go tobann ansin agus ní raibh biongadh aisti ar feadh tamall fada agus mheas mise go raibh a port seinnte. Leis sin, d'éirigh sí le ruathar agus amach as an ghréasán léi agus níor stad sí go raibh sí abhus ar leac na fuinneoige. Bhí na beanna léithe. Rinne sí cineál damhsa beag ansin ar phána na fuinneoige, le tréan lúcháire, shamhlófá.

'Mo sheacht m'anam leat, a chuileog bheag,' arsa mise i m'intinn féin. Dá mbeinn ábalta éirí as mo leaba as mo stuaim féin, d'fhosclóinn an fhuinneog le cead a cinn a thabhairt di....

Tá duine inteacht ag doras mo sheomra.

'Maidin mhaith, a Chaitlín. Tá mé anseo le tú a chur i do shuí. Ar chodlaigh tú go maith?'

'Chodlaigh ... ach b'fhearr liomsa muscailt i mo leaba féin ... an ligfidh siad mise chun an bhaile gan mhoill?'

'Níl a fhios agam fá sin anois....'

'Níl ann ach go bhfuil rudaí le déanamh agam ... beidh mo gharradh ar shiúl ar fiáin.'

'Níl muid ag iarraidh go dtitfeá arís, an bhfuil? Beidh mé ar ais le do bhricfeasta ar ball beag.'

Téimse chun an bhaile go minic i ngan fhios daofa uilig anseo ... seo liom fríd an doras. Tá mé ag gabháil thar gach ceann is clúid thíos an staighre. Téim isteach chun na cisteanadh, ansin ar aghaidh go dtí an seomra suite agus ansin téim suas an staighre ... achan rud díreach mar a bhí sé. Pillim ar ais síos an staighre agus amach an doras cúil liom.

Anois, tá mé ar mo sháimhín só i mo shuí i mo gharradh beag agus tá na rósanna fiáine faoi bhláth agus tá na héanacha beaga ag ceol. Tá cumhracht na rósanna ag leathadh ar an aer. Tá cumhracht inteacht eile le mothú, cumhracht na mbláth nach bhfeictear, bláth nach bhfuil ann ach cumhracht faoi scáth. Creidim gur sin mar atá mé féin; rós faoi scáth, scéimh faoi cheilt.

'Tá mo chos nimhneach ... caidé a tháinig uirthi?'

'Thit tú sa gharradh sula dtáinig tú isteach anseo. Nach cuimhin leat?'

'Ó, is cuimhin liom anois. Bhí mé ag cruinniú na nduilleog agus bhain an ráca tuisle asam agus thit mé. Cá huair a tharla sin?'

'Mí ó shoin ... ach tá sé ag cneasú go maith. Ní bheidh sé i bhfad go mbeidh tú ar do sheanléim arís, a Chaitlín. Athróidh mé an bindealán sin arís amárach.'

Chan fhuil baol ar an mhaidin ... fan go bhfeicfidh mé ... leath i ndiaidh a sé ... níl mé cinnte an bhfuil mé san otharlann nó cén áit a bhfuil mé. Tá an seomra cosúil le seomra a bheadh in otharlann. Ballaí loma agus beagán troscán agus an leaba féin, tá sí mar a bheadh leaba a tchífeá san otharlann. Ach, ní mhothaím tinn, buíochas le Dia. Ó, is cuimhin liom anois ... tá mé sa teach altranais. Tá mo Choróin Mhuire agus mo dhialann anseo agam faoi mo bhabhstar. Achan lá léim píosa beag amach as mo dhialann agus déanaim mo dhícheall cuimhneamh....

17 Meán Fómhair 2007

Bhí do naoú cuimhneachán báis ann inniu, a Tharlaigh. Naoi mbliana fhada uaigneacha. Bheifeá ag gáire fúm dá mbeadh a fhios agat na rudaí amaideacha a dhéanaim corruair. Tá mé ag éirí chomh dearmadach le tamall anois, i dtólamh ag cailleadh rudaí. Chaill mé mo chuid spéacláidí, chaill mé eochracha, chaill mé mo sparán fiú. Dhóigh mé an taephota arís inniu, rinne mé dearmad go raibh sé ar an sorn agam. Bhí an tóin chóir a bheith dóite amach as.

Tá eagla orm go bhfuil Tarlach Óg ag smaointiú go mbeinn níb fhearr as i dteach altranais. Thug sé ar cuairt go hÁras Cholmcille mé an lá fá dheireadh, ag cuartaíocht ag mo chol ceathar, Nóra Ní Ghrianna, mar dhea. Nóra bhocht; bhí sí ansin, gan í gan ó aisti. Níor aithin sí muid fiú. D'fhiafraigh sí den bhanaltra cá huair a bheadh Paidí ag teacht le hí a thabhairt chun an bhaile. Tá a fhios agat féin! Paidí atá faoi na fóide anois le scór bliain. Bhí an mhuintir a bhí ansin uilig san aois leanbaí; cuid acu ag caint leo féin, cuid acu ag caoineadh, cuid acu ag gáire.

B'fhéidir go raibh tú níos fearr as, go bhfuair tú bás sular éirigh tú aosta, a Tharlaigh. Ní raibh sé i ndán dúinn titim bonn ar bhonn le chéile, is mór an trua.

Ach, an bhfuil a fhios agat an rud a ghoilleann go mór orm? Níl mé ábalta cuimhneamh ar do ghrua inniu, a Tharlaigh. Cá dteachaidh an pictiúr sin a bhí agam taobh na leapa? Sin anois tú! Nach tú a bhí dóighiúil maise! Is maith is cuimhin liom an chéad lá ar leag mé súil ort, a chroí. Bhí mé ag faire thíos ansin ar an Bhaile Láir agus tháinig tú isteach. Shuigh tú ar an taobh eile den tseomra uaim.

Ní raibh a fhios agam cé thú féin ach chuala mé bean ag mo thaobh ag inse don bhaintreach gur thú mac Dhonnchaidh Rua. Casadh orm arís thú mí ina dhiaidh sin. Bhí tú ag obair ar an chaorán, taobh le mo chuid deartháireacha. Chuaigh mise amach leis an tae chucu. Tháinig tú anall a chaint leo a fhad is a bhí mé ann.

Níor casadh orm arís thú go raibh muid in Albain. Bhí tú ag an damhsa sa halla in Cook Street mí i ndiaidh domh a ghabháil go Glaschú. D'iarr tú amach a dhamhsa mé ... válsa a bhí ann, is cuimhin liom. Bhí do dheartháir Séamus ag an damhsa fosta agus chuaigh an ceathrar againn chun an bhaile le chéile. Mise agus tusa, agus do dheartháir agus mo chara Cití.

Bhí mise ag fanacht le m'aintín Nóra sna Gorbals san am agus ní raibh sibhse i bhfad ar shiúl. D'fhág sibh slán linn ar an tsráid. Chuir tú do lámha thart orm agus thug tú póg domh. 'Tchífidh mé oíche Aoine seo chugainn thú, ag an damhsa,' a dúirt tú.

Nach iontach an dóigh a gcuimhním air sin uilig anois agus nach bhfuil cuimhne agam ar caidé a rinne mé inné ná ar maidin inniu ná leathuair ó shoin fiú. Ach, ní bheidh sé i bhfad go mbeidh mé i do chuideachta arís, a Tharlaigh. Téann an saol thart mar a bheadh eiteoga air agus mise ag gabháil in araicis an bháis agus an bás ag teacht i m'araicis gach aon lá. Sílim go rachaidh mé ar ais a chodladh tamall beag eile.

A leithéid de shuaimhneas atá agam, i mo shuí anseo sa gharradh tráthnóna agus an ghrian ag gabháil i bhfarraige. Leathann cumhracht theolaí na mbláth ar fud an gharraidh. Tá féileacáin de gach aon dath ar foluain thart fá dtaobh díom, na dathanna céanna orthu féin agus ar na bláthanna beaga.

Ach, ní mhairfidh na bláthanna ainneoin a n-áilleachta. Imeoidh siad le teacht an gheimhridh ach beidh siad ar ais san earrach....

I bhfad thuas sna glinnte cluinim an fhuiseog ag ceiliúradh.

Tagann feothan gaoithe agus luascann sé craobhacha na fuinseoige os mo chionn agus bogann sé na duilleoga móra ar an chrann ag cur ga gréine a dhéanamh folachán liom.

Scuabann an ghaoth a bhfuil fágtha de dhuilleoga ar na craobhacha. Tá éan dubh nach bhfaca mé sa gharradh ariamh roimhe ina thost ar chraobh ard.... Tá mo shúile ag druid orm, tá mé tuirseach....

Tír Hiúdaí

CLUINEANN Muireann ceol agus daoine ag caint is ag gáire. Éisteann sí go cúramach ach ní thig léi déanamh amach cén treo as a bhfuil na guthanna ag teacht. Níl le feiceáil thart uirthi ach an spéir agus an fharraige mhór ar feadh na mílte ar gach taobh. Ní thig léi bun na spéire a dhéanamh amach nó tá an spéir agus an fharraige ar an dath amháin. 'Caithfidh go bhfuil mé deas don oileán,' a deir sí léi féin.

Ligeann Muireann na maidí le sruth. Tógann sí léarscáil agus scrúdaíonn sí é; léarscáil ón naoú haois déag a bhfuil carraig marcáilte air siar ó chósta na hÉireann. Socraíonn sí an compás. Tá sí san áit cheart, dar léi. Tógann sí an seinnteoir beag téipeanna, buaileann sí cnaipe agus éisteann sí leis an ghlór:

Nocht an t-oileán de réir a chéile idir mé féin agus bun na spéire nuair a ghlan an ceo. Thóg mé mo sheolta agus tharraing mé air chomh gasta agus a thiocfadh liom. Cha raibh mé i bhfad uilig uaidh nuair a thit an ceo anuas arís agus chuaigh an t-oileán as amharc. D'fhan mé san áit a raibh mé gur ghlan an ceo ach chan fhaca mé oileán ar bith. Is é a ghoill go mór orm.

Múchann sí an seinnteoir. Éisteann sí go géar, ag súil leis an cheol agus na glórtha a chluinstin arís, ach níl le cluinstin ach rolladh na dtonn agus éanacha mara ag scairtí os a cionn. Tá ceo ag druidim isteach go mall agus tá sé ag éirí dorcha. Tógann sí na maidí rámha as an uisce. Druideann an spéir anuas uirthi. Mothaíonn sí an fuacht. Tá an ceo chomh dlúth agus go mothaíonn sí go bhfuil sé á phlúchadh. Cluineann sí slaparnach an láin mhara ar an bhád. Caithfidh tú d'uchtach a choinneáil, a deir sí léi féin. Tá a croí tógtha. Déanann sí iarracht í féin a cheansú agus tarraingíonn sí uirthi amhrán. Díríonn sí isteach ar na focail leis an eagla a dhíbirt:

A Dhónaill Óig, má théann tú thar farraige,
Tabhair mé féin leat is ná déan domh dearmad.
Gheobhaidh tú féirín lá aonaigh is margaidh
Is beidh iníon rí Gréige ina céile leapa agat.

Cluineann sí scread léanmhar ag éan mara os a cionn.

Agus gheall tú domhsa an ní nach dtearn tú,
Fáinne óir a chur ar gach méar domh,
Seisreach órga fána hanlaí airgid,
Agus muileann siúcra ar gach sruth in Éirinn.

Samhlaíonn sí go gcluineann sí glórtha agus gáire arís. Tig siad agus imíonn siad mar a thig an lán mara in éadan an bháid. Amharcann sí thart ach níl léargas rómhaith aici mar gheall ar an cheo.

Brúnn Muireann an cnaipe ar an seinnteoir athuair:

D'amharc mé ar an chompás agus mharcáil mé an áit a raibh mé ar an léarscáil. Cha dtearn mé dearmad den oileán ó shoin agus rinne mé suas m'intinn go rachainn á chuartú agus go rachainn i dtír ann *lá inteacht. Bhí sé ráite go nochtann sé achan seacht mbliana. Tá sé seacht mbliana ó chonaic mé é. Sin an fáth a bhfuil mé anseo inniu.*

Cuireann Muireann na maidí rámha san uisce agus toisíonn sí a rámhaíocht, ag iarraidh éalú ón cheo. Cluineann sí trupanna san uisce. Tá na héanacha mara ag screadaí ach ní fheiceann sí iad cé go gcluineann sí tormán a gcuid eiteog os a cionn. Tá a cuid lámh nimhneach. Ní fheiceann sí cá bhfuil sí ag gabháil ach coinníonn sí uirthi.

Cluineann sí an ceol arís ach níl sí ábalta déanamh amach cén treo as a bhfuil sé ag teacht. Ceol nach eol di, ar uirlis nó uirlisí nach n-aithníonn sí. Éisteann sí go cúramach ach leis sin éagann an ceol. Itheann Muireann an greim beag bídh atá fágtha aici agus ólann sí an braon deireanach uisce. Ceolann sí véarsa eile:

Bhain tú thoir agus bhain tú thiar díom,
Mhúch tú an ghealach gheal agus bhain tú an ghrian díom,
Mhúch tú an croí istigh i lár mo chléibhe,
Is nach rómhór m'eagla gur bhain tú Dia díom.

Tagann tocht ina glór agus níl sí ábalta leanstan ar aghaidh. Tógann sí a ceann agus leis sin tchíonn sí go bhfuil an ceo ag scaipeadh go mall. De réir a chéile nochtann beanna arda os a comhair leis an ghrian ag dealramh anuas orthu. Toisíonn a croí ag bualadh go gasta istigh ina hucht. De réir mar a ghlanann an ceo tchí sí na foirgnimh arda le cruinneacháin óir agus cnoic taobh thiar daofa. Tchí sí coillte agus imir dhearg ar na crainn. Tchí sí tránna geala. Tá sí faoi gheasa ag an radharc. Toisíonn sí a rámhaíocht chomh gasta agus a thig léi go dtí go bhfuil achan deoir den bhrí súite amach aisti. Déanann sí dearmad den phian atá ina cuid lámh. Coinníonn sí uirthi agus dóchas aici go bhfuil sí ag déanamh talaimh agus go mbeidh sí i ngar don oileán gan mhoill. Leis sin buaileann rollóg thoinn an bád agus caitheann sé an bád in airde. Nuair a shocraíonn an bád arís níl le feiceáil ag Muireann ach imill dhoiléire an oileáin. Chomh luath agus a thoisíonn sí a ghabháil ina threo titeann brat ceo anuas ar bharr na farraige agus imíonn an t-oileán as amharc.

Tá Muireann fríd a chéile. Amharcann sí ar gach taobh di ach níl le feiceáil ach an ceo liath atá ag éirí tiubh le teacht na hoíche. Scaoileann sí na maidí le sruth arís.

Tá an oíche ann. Tá fáinne ar an ghealach. Ní cuimhin léi caidé an comhartha é. Cuartaíonn sí an tSeisreach, Bealach na Bó Finne agus an Bhanlámh. Tarraingíonn sí a cóta thart uirthi féin go teann agus suíonn sí síos isteach sa bhád. Leagann sí síos a ceann ar thaobh an bháid agus scrúdaíonn sí na spéartha. Smaointíonn sí go mbeadh Dónall ag amharc ar an spéir chéanna ón oileán.

Tchíonn sí réalt reatha ag titim sa spéir. Glacann sí leis mar dhea-chomhartha. Leis an am a chur thart toisíonn sí a chuntas na réaltóg. Cailleann sí cuntas. Tig néal uirthi.

Nuair a mhusclaíonn sí, níl sí cinnte cá bhfuil sí nó an ag brionglóidigh atá sí, ach gan mórán moille tuigeann sí. Bheir sí fá dear go bhfuil glórtha ar an aer i gcónaí; páistí ag gáire, daoine ag caint, madadh ag tafann, agus tá ceol le cluinstin chomh maith. Ach, caithfidh gur á shamhlú atá mé, a deir sí léi féin, nó ag cailleadh mo chéille. Níl talamh ná bád in aice léi. Tá an ghrian ag deargadh anoir. Smaointíonn sí chomh galánta le héirí na gréine, go bhfuil sé níos deise ná rud ar bith a chonaic sí ariamh.

Níl teorainn leis an fharraige. Tá sí idir an spéir agus an doimhneacht. Thiocfaí go nochtadh soitheach amuigh ag bun

na spéire agus go rachadh sé thart gan í a fheiceáil. Tá sí ina
haonar ar bharra na dtonn.

Tá imir dhearg neamhghnách ar an ghrian. Tá sé ag dathú
na farraige agus na spéire. Tá an ghaoth ag éirí. Tógann sí
isteach na maidí rámha ar eagla go gcaillfí iad. Toisíonn an
fharraige ag éirí suaite. Tá tonnaí fíochmhara ag briseadh thart
uirthi. Buaileann réablach de thonna mór an bád agus chóir a
bheith go dtéann an bád thar a corp. Tá Muireann traochta.
Tá sí lag leis an ocras. Tá amhras uirthi nach bhfeicfidh sí an
t-oileán arís. Dúnann sí a cuid súl ar feadh bomaite mar a
bheadh sí ag meabhrú nó ag urnaí.

De réir a chéile socraíonn an stoirm. Titeann ciúnas ar an
uisce. Tógann Muireann an seinnteoir agus brúnn an cnaipe:

*Deirtear gurbh é Manannan Mac Lir atá mar choimeádaí ar an
oileán. Mac na mara a chiallaíonn a ainm. Tá an fharraige mar
léinseach aige. Tá bád aige, Scuab Toinne an t-ainm atá uirthi, agus
níl seolta ar bith uirthi. Deirtear go bhfuil beathach capaill aige atá
ábalta taisteal ar mhuir agus ar thír. Tá sé in innimh é féin a
dhéanamh dofheicthe. Deirtear gur draoi atá ann.*

Titeann sí ina codladh ag éisteacht le glór Dhónaill. Tig aislingí
chuici. Samhlaíonn sí go bhfuil bád mór ag tarraingt uirthi
faoi iomlán siúil agus go bhfuil sé ag gabháil a bhriseadh a bád
féin ina ghiotaí. Nuair a fhosclaíonn sí a cuid súl feiceann sí
fear ag stánadh anall uirthi. Éiríonn sí go gasta. Tá an fear ina
shuí i gcurach atá taobh lena curach féin. Buaileann creatha
fuaicht í ach cuireann sí fáilte choimeádach roimhe.

'Caidé atá tusa a dhéanamh chomh fada seo ó thír?' a
fhiafraíonn sé de Mhuireann.

'Thiocfadh liom an cheist chéanna a chur ort féin,' a
deir sí.

'Níl mise chomh fada sin ó bhaile.'

'An dtáinig tú as Tír Hiúdaí?'

'Thiocfadh leat sin a rá.'

'An bhfuil Dónall Ó Baoill ar an oileán?'

'Ní fhéadfainn sin a inse duit.'

'Ba mhaith liom cuairt a thabhairt ar an oiléan, an dtabharfá ann mé?'

'Má tá sé i ndán duit, sroichfidh tú é.'

'Rinne mé iarracht a ghabháil nuair a nocht sé ach thit an ceo anuas chomh tobann agus d'imigh sé as m'amharc.'

'Thiocfadh leis sin tarlú. Caithfidh mise imeacht. Fágfaidh mé slán agat.'

Beireann Muireann greim ar an bhád eile.

'Caithfidh tú ligint ar shiúl, caithfidh tú muinín a bheith agat,' a deir an fear léi.

Scaoileann Muireann an greim atá aici ar an bhád eile go drogallach. Tógann an fear na rámhaí.

'Caidé do dheifre? Tabhair mise leat,' a deir sí, ach ní amharcann sé siar.

Leanann Muireann an curach, ach bíonn sé ar shiúl go tapaidh agus sleamhnaíonn sé isteach i mbréid ceo.

Fágann sé Muireann in ísle brí. 'Cad chuige nach dtabharfá mé?' a scairteann sí amach ach cailltear a glór san fhoilmhe agus cha dtig fiú macalla ar ais.

Socraíonn sí fanacht san áit a bhfuil sí ach coinníonn sí súil ar an fharraige ar achan taobh. Tá sí ag iarraidh a cuid fuinnimh a shábháil le go mbeidh sí ábalta aghaidh a thabhairt ar an oileán má nochtann sé arís.

Tá ocras agus tart uirthi. Tógann sí braon den tsáile i gcupa agus ólann é. Tig Muireann ar chonamar beag aráin agus í ar a glúine ag siortú fá urlár an bháid. Tá sí ag smaointiú ar é a ithe ach ansin ligeann sí dorg, le baoite déanta as an chrústa, amach san uisce ag súil go mbeirfidh sí ar iasc. Fanann sí ar feadh tamall fada, an líne casta thart ar a méar. Sa deireadh mothaíonn sí rud inteacht ag broideadh, tarraingíonn sí an líne go gasta ach nuair a thógann sí isteach é níl a dhath ar an duán agus tá an baoite ar shiúl.

Tchíonn sí bró feamnaí ag snámh ar bharr an uisce. Téann sí ina threo. Gearrann sí píosa de agus tarraingíonn isteach sa bhád é. Strócann sí suas ina ghiotaí beaga é agus itheann sí greamanna de. Tá boladh láidir as agus é deacair a ithe. Ólann sí bolgam eile den tsáile. Cuireann an sáile snaidhmeanna ina bolg agus caitheann sí aníos arís é. Mothaíonn sí í féin ag éirí lag.

Cuartaíonn sí thart go bhfaigheadh sí rud inteacht eile a dhéanfadh baoite. Níl aon ghreim bídh fágtha ach baineann sí úsáid as píosa beag feamnaí. Nuair a tharraingíonn sí an dorg tá an baoite feamnaí ar shiúl.

Tá sí tuirseach agus ocras uirthi. Tógann Muireann an seinnteoir agus brúnn cnaipe:

Tá an t-oileán le feiceáil agam anois. Tchím trí chnoc agus gleanntáin ghlasa eatarthu, le talamh féaraigh idir iad agus an fharraige. Tá dún déanta as marmar geal ar bharr an chnoic is airde; dún óir ar chnoc eile agus tá ceann airgid le feiceáil ar an tríú cnoc.

Tchím abhainn mar bheadh ribín airgid ina rith anuas i lár an oileáin. Tá caisleán mór le cruinneacháin óir air ina sheasamh ar aill ard in aice na farraige. Tá úlloird ann agus iad lán de chrainn atá trom le torthaí. Tá na móinéir lán luibheanna agus bláthanna fiáine.

Tá mé ag druidim leis an chósta anois. Tá an fharraige ciúin. Tá an ghrian ag soilsiú ar na beanna arda agus ar na tránna geala.

Cluinim ceol fosta — fidil, cláirsí, píob, dromaí agus uirlisí eile. Ceol chomh séisbhinn dár chuala mé ariamh ... ceol a bhfuil draíocht ag baint leis. Tá mé ag déanamh ar an chéidh anois.

Múchann Muireann an seinnteoir agus cuachann sí isteach lena hucht é. Caidé a thug ort imeacht, a Dhónaill? a deir sí léi féin.

Tá Muireann gan lámh le bogadh nó súil le foscladh nuair a thig bád iascaireachta mór amach as an cheo. Tchíonn an caiftín an bád beag agus nuair a thig siad in aice leis, tá iontas orthu go bhfuil bean ar bord. Níl sé cinnte an bhfuil sí beo. Tógann an criú an curach ar bord leis an chroch thógála. Tá Muireann sna smeachanna deireanacha. Cuireann an caiftín fios ar na seirbhísí éigeandála agus taobh istigh d'uair an chloig tig ingearán ón gharda cósta agus tógann siad Muireann leo.

'Chonaic mé an t-oileán,' a deir Muireann le banaltra nuair a mhusclaíonn sí.

'Cén t-oileán é?' a fhiafraíonn an bhanaltra di.

'Tír Hiúdaí,' a deir Muireann.

'Bhí an t-ádh ort, ní mórán a chonaic é.'

'Bhí sé galánta. Ní fhéadfadh ach filí agus ealaíontóirí cur síos mar is ceart a dhéanamh air,' a deir Muireann.

'Codlaigh anois, beidh tú i gceart. Tá tú slán sábháilte. Is tú a bhí ádhúil,' a deir an bhanaltra.

'Tháinig bád as an oileán. Rinne mé iarracht é a leanstan ach níor éirigh liom.'

'Ná bí buartha fá dtaobh de,' a dúirt an bhanaltra.

'Tá a fhios agam go bhfuil Dónall ar an oileán,' a dúirt Muireann. 'Bhí sé ag déanamh clár raidió fán oileán an lá a d'imigh sé. Dúirt lucht an raidió a bhí á leanstan sa bhád eile gur imigh sé as amharc chomh tobann. Níor fhág sé lorg ar bith ar an fharraige fiú.'

'Seo, ná smaointigh anois air. Ní achan duine atá ábalta a ghabháil ann.'

'Rachaidh mise ann lá inteacht,' a deir Muireann.

Tabhair ar ais an oíche aréir

CEITHRE dhuine dhéag a bhí ag freastal ar an cheardlann. Bláthnaid Ní Shé, scríbhneoir a raibh duisín leabhar scríofa aici agus liosta duaiseanna chomh fada le do lámh buaite aici, a bhí ag tabhairt na ceardlainne. Shuigh Eithne ag amharc suas, ag éisteacht le achan fhocal a thit óna béal. Seo an chéad cheardlann aici agus ba chéim mhór di é. Bhí na gearrscéalta a moladh di léamh roimh ré léite go cúramach aici agus gearrscéal míle focal scríofa mar réamhobair, ach bhí sí go fóill imníoch.

'Pléifimid inniu an carachtar sa ghearrscéal nua-aimseartha,' a dúirt Bláthnaid. 'Ach ar dtús ba mhaith liom labhairt faoi na gearrscéalta a léigh sibh don cheardlann. Cén carachtar ab fhearr a thaitin leat as na scéalta a léigh tú féin?'

Bhí sí ag amharc síos ar Eithne. Bhain sí a peann as a béal agus shuigh suas: 'Sílim gurb í Mollie is mó a chuaigh i bhfeidhm orm,' a dúirt sí, i ndiaidh smaointiú.

'Agus cén fáth ar thaitin an carachtar sin leat?'

'Is dóiche go raibh dáimh agam léi ... agus gidh gur chaill sí achan rud, sílim gur choinnigh sí a dínit.'

'Ar shíl tú gur carachtar láidir í?'

'Cinnte. Tchíthear domh go bhfuair sí an bua ar go leor de na dúshláin a tháinig roimpi.'

'Sea, go deimhin ... an-tuiscint. Cleachtadh a dhéanann máistreacht, a deirtear, agus chuige sin ba mhaith liom anois dá samhlódh sibh go léir carachtar amháin daoibh féin. Fear nó bean. Tabhair an carachtar ar an tsaol, cuir feoil agus craiceann uirthi. Smaointigh ar achan ghné a bhaineann léi mar bheadh sí ina suí romhat; ní amháin a hainm, a haois agus a hairde, ach déan cur síos ar a tréithe go léir: cad a itheann sí dá bricfeasta, cén sórt sópa a úsáideann sí, cé hé, nó cé hí, a céadsearc, nó an é go bhfuil grá eile ina saol? Scríobhaigí an méid is féidir libh faoin gcarachtar. Ach ar dtús, smaoinígí ar an saghas carachtair atá sibh chun a chruthú ... sionnach i gcraiceann caorach nó duine atá chomh dána le muc. Is cuma nó vaits liom cén saghas carachtair í agus níl aon réans ann. Leanaigí ar aghaidh. Tabharfaidh mé deich nóiméad daoibh, ag tosnú anois,' a dúirt Bláthnaid Ní Shé in anáil amháin, sular shuigh sí féin agus thoisigh a scríobh go díbhirceach.

Ní raibh taithí ag Eithne ar an chineál seo cleachta. Agus í ag tabhairt faoi ghearrscéal, bhí sé de nós aici toiseacht gan smaointiú ródhomhain ar charachtar nó ar shonraí ar bith eile agus fanacht le haithne a chur ar an charachtar fríd a bheith i mbun scríbhneoireachta. Bhí dúil aici sa bealach orgánach a tharlódh sé agus mar a thiocfadh an carachtar chuici go nádúrtha, ach mhothaigh sí gur rud cliniciúil a bhí le déanamh anois aici. D'amharc sí thart uirthi mar bheadh sí ar lorg spreagtha. Bhí bean le gruaig rua ina suí os a comhair. Bean mheánaosta. Bhí seodra óir ar a muineál agus ar a cuid lámh. Bhí sí iontach cóirithe. Bhí sí ag caitheamh seaicéad leathair donn agus brístí bána. 'Is mise Fiona Lavelle,' a dúirt sí nuair a chas sí léi ní ba luaithe, í ag ól caife agus ag caitheamh siar a cuid gruaige. Bhí dath ina gruaig agus a craiceann tarraingthe siar go mínádúrtha ar a haghaidh. Bhí dath na gréine uirthi.

B'fhéidir go raibh teach saoire aici sa Spáinn agus leannán Spáinneach aici a cheannaigh seodra di.

Thoisigh Eithne ag scríobh: 'Gloria Loftus, bean tuairim is caoga seacht bliain d'aois. Tá gruaig rua uirthi.'

Thóg sí a ceann agus d'amharc sí thart ar an tseomra arís. Lean sí ar aghaidh: 'Gruaig fhionn atá uirthi. Tá sí pósta don tríú huair. Tá iníon amháin aici atá 25 bliain d'aois. Fionnuala is ainm di.' D'fhóirfeadh an t-ainm do dhath a cuid gruaige is dóiche.

Smaointigh sí cén post a bheadh aici: múinteoir, doctúir, cigire cánach?

'Stiúrthóir i gcomhlacht comhairleoireachta,' a scríobh Eithne. 'Tá sí uaillmhianach, fuarchúiseach agus ardnósach; dhéanfadh sí rud ar bith leis an rud a bhí uaithi a bhaint amach.'

Ach an bhfuil an créatúr bocht gan trua gan taise agam, a smaointigh sí? An mbeadh bá ag aonduine le carachtar mar sin? Chaithfeadh sí míniú cad chuige a raibh sí mar a bhí, míniú caidé a bhí uaithi ... sonas nó airgead agus maoin an tsaoil? An raibh sí splanctha i ndiaidh fir eile?

D'amharc sí faoina malaí ar an bhean rua, bhí sí ag scríobh go díograiseach. D'amharc Eithne amach an fhuinneog; cha raibh néal le feiceáil sa spéir. Thoisigh sí a smaointiú ar an gharradh sa bhaile. An bhfaigheadh na bláthanna bás de dhíobháil uisce a fhad agus bhí sí ar shiúl? B'fhéidir gur ag báistigh a bhí sé sa bhaile. Bhí súil aici nach raibh sí ag cailleadh amach ar aimsir mhaith. Bheadh uirthi pilleadh ar an obair Dé Luain. Bhí go leor carachtar a tháinig isteach chuici in oifig an phoist. Smaointigh sí go mbeadh sé dainséarach a bheith ag scríobh fá dtaobh de na custaiméirí ar eagla go n-aithneodh siad iad féin. Ach ní raibh a fhios ag aonduine a tháinig isteach go mbíonn sí ag scríobh.

Smaointigh Eithne ar an ghearrscéal a bhí scríofa aici mar réamhobair. Bhí sé sábháilte ar an ríomhaire ach bhí deacracht aici leis an ríomhaire. Bhí sé á crá. Chaithfeadh sí an scéal a scríobh arís muna n-éireodh léi an ríomhaire a chóiriú. Ní raibh a fhios aici ar shábháil sí an scéal ar an mhaide cuimhne. An raibh an maide cuimhne fiú léi? Thóg sí a mála agus thoisigh sí a rúscáil.

'Is féidir libh an méid a scríobh sibh a choinneáil go fóill mar beidh muid ag teacht ar ais chuige níos moille sa lá,' a dúirt Bláthnaid Ní Shé.

Bhí lúcháir ar Eithne nach raibh orthu na píosaí a léamh amach. D'amharc sí trasna ar Fhiona. Mhothaigh sí rud beag ciontach. Chaithfeadh sí athruithe beaga a dhéanamh, sin nó carachtar úr a phiocadh ina ham féin.

Thug Bláthnaid Ní Shé clúdach litreach d'achan duine ag deireadh an lae. Cleachtadh a bhí le déanamh sa bhaile. D'fhoscail Eithne é.

Aimsigh carachtar i mbeár/teach ósta/bialann.
Scríobh scéal 200-400 focal, bunaithe ar an charachtar.
Bain do rogha astu!

'Agus ná déanaigí dearmad na gearrscéalta a thabhairt isteach amárach,' a dúirt Bláthnaid Ní Shé.

Chonaic Eithne an teachtaireacht chéanna nuair a chuir sí an ríomhaire ar siúl tráthnóna: *Operating system not found.* Spleoid ar an ríomhaire agus ar an nuatheicneolaíocht, a dúirt sí léi féin. Níorbh fhéidir brath orthu. Cad chuige nár chloígh sí leis an leabhar nótaí. Ní raibh an ríomhaire glúine aici ach cupla mí; níor bhain sí mórán úsáide as. B'fhearr léi an seanríomhaire a bhí aici le blianta.

Smaoinigh sí ar an obair bhaile don lá dár gcionn, ach ní raibh ann ach cupla céad focal, dhéanfadh sí é a scríobh sa leabhar nótaí; ní raibh rogha ar bith eile aici.

Bhí an beár gnaitheach; daoine ag ithe, daoine ag ól. Bhí fear ag ceol amhráin:

Ye maids of Dulhallow who are anxious for courtin'
A word of advice I will give unto ye…

Bhí lúcháir ar Eithne go bhfuair sí tábla beag sa choirnéal mar go mbeadh sí ábalta a bheith ag obair gan aonduine a bheith ag cur iontas ar bith inti. D'ordaigh sí béile. D'amharc sí thart. Cinnte le Dia go spreagadh rud inteacht nó duine inteacht í.

Thoisigh sí cupla uair ag scríobh fá charachtar áirithe a chonaic sí ach ní raibh sí sásta. Scrios sí é agus thiontaigh go leathanach úr. Bhí sí ag éirí imníoch. Ní thiocfadh léi an locht a chur ar an ríomhaire. Bheadh sé róchosúil le leithscéal: D'ith an ríomhaire m'obair bhaile, a mhúinteoir.

Bhí amhrán eile ag teacht ón choirnéal. Ba ghnách lena hathair é a cheol:

Oh, well do I remember that bleak December day,
The landlord and the sheriff came to take us all away.

Níor chuala sí le fada é. D'éist sí leis an amhrán agus rinne dearmad don scéal ar feadh tamaill.

They set my roof on fire with their cursed English spleen.
I heaved a sigh and bade goodbye to dear old Skibbereen.

Rith sé léi go bpiocfadh sí an té a bhí ag ceol. Ní raibh sí ábalta é a fheiceáil rómhaith mar go raibh an áit pacáilte. Shiúil sí suas a fhad leis an bheár agus d'ordaigh gloine uisce. Sheasaigh sí tamall ag amharc ar an amhránaí. Bhí a shúile druidte agus é ag croitheadh a chloigeann ó thaobh go taobh. D'amharc sí go géar air. D'aithneofá ar a aghaidh gur duine meabhrach é. Bhí línte doimhne greanta ar a éadan mar chruthúnas gur shaothraigh sé an saol. Bhí gaosán fada díreach air, súile doimhne dorcha agus malaí troma os a gcionn. Shamhlaigh sí a chuid súl mar dhá thobar ina raibh taisce amhrán caomhnaithe iontu. Bhí ceann dubh gruaige le ribí liatha air. Fear mór le glór mór agus dhá lámh mhóra air. Thaitin a ghuth léi. Chumfadh sí ainm, cúlra agus scéal dó. Shuigh sí ar ais ag a tábla agus thóg a peann le scríobh.

'Conas atá tú? An miste leat má shuím anseo?'

D'aithin Eithne an té a labhair, Fiachra Mac Amhlaidh, fear a bhí ar an cheardlann léi:

'Caidé mar tá tú?'

'Ag déanamh d'obair bhaile?'

'Tá mé ag obair air.... Caidé fá dtaobh díot féin?'

Bhí amhrán eile le cluinstin ón choirnéal.

'Tá sé in am go leor!' arsa Fiachra. 'Níl a fhios agam cén *repertoire* atá acu thíos i dtábhairne John B? Bhí mise ag smaointiú ar a ghabháil ann. Ar mhaith leat a theacht?'

'Níl a fhios agam. Bhí deacracht agam le mo ríomhaire ní ba luaithe agus tá an t-aon chóip de mo ghearrscéal sábháilte agam air.'

'An bhfuil tú ag fanacht san óstán?'

'Tá.'

'Má thugann tú an ríomhaire domh, b'fhéidir go mbeinn ábalta é a chóiriú. Tá taithí agam ar a mhacasamhail. Tá mise ag stopadh san óstán chomh maith. Thig leat mo ríomhairese a úsáid más mian leat, mar ní bheidh mise ag déanamh a dhath anocht. Gheobhaidh mé uait ar maidin é.'

'Go raibh maith agat.'

'Agus ar éirigh leat carachtar suimiúil a aimsiú?'

'Phioc mé an ceoltóir. Caidé fá dtaobh duitse?'

'Ach, tá sé luath go fóill ... anois déan dearmad den obair bhaile. Lig ort féin go bhfuil tú ar laethe saoire ... fág seo.'

Nuair a mhuscail Eithne ar maidin, shíl sí gur ag brionglóidigh a bhí sí. Bhí fear óg le gruaig dhonn chatach ina chodladh sa leaba ag a taobh. Chuir sí a lámh ar a chuid gruaige. D'aithin sí an fear. Ní ag brionglóidigh a bhí sí. Léim sí amach as an leaba agus chaith uirthi an chéad rud a casadh uirthi. Chuaigh sí isteach chun an tseomra folctha. D'amharc sí sa scáthán. Bhí a cuid gruaige ina seasamh uirthi agus mascára faoina súile. D'fhoscail sí na sconnaí ar an fholcadán. Dhún sí a cuid súile agus lig dá hintinn dul siar ... tháinig focail as amhrán eile de chuid a hathara chuici:

> Agus a Rí, nár lách ár n-ealaín
> 'Gabháil síos an gleann aréir.

Nuair a tháinig Eithne amach as an tseomra folctha tamall ina dhiaidh sin bhí an fear imithe. Bhí nóta fágtha ar an tábla bheag ag taobh na leapa.

> A Eithne,
> Tá mé ag dul a thriail bail a chur ar do ríomhaire ... feicfidh mé níos moille thú.
> (Agus tá mo cheacht le déanamh go fóill...)
> Fiachra.

'Tá muid chun cleachtadh beag a dhéanamh ar dtús ar maidin,' a dúirt Bláthnaid Ní Shé. Tóg leathanach bán agus tosnaigh ag barr agus lean ar aghaidh ag scríobh ar feadh cúig nóiméad. Scríobh faoi aon rud agus faoi gach rud a thagann isteach i d'intinn. Tosnaigh san áit a bhfuil tú go fisiceach, go mothúchánach agus go síceolaíoch. Níl aon réans ann! Is féidir libh tosnú anois.'

Thoisigh Eithne ag scríobh:

Shíl mé go raibh deireadh le achan rud nuair a d'fhág sé — níor shíl mé go mbeinn a choíche sona nó go dtarlódh a dhath maith i mo shaol — chreid mé na rudaí a dúirt sé — nach raibh maith ionam, nach raibh mé ábalta grá a thabhairt, go raibh mé fuar. Má chluin duine rud minic go leor... Tá a fhios agam anois nach raibh an fhírinne aige. Mothaím go bhfuil rud inteacht i ndiaidh croitheadh a bhaint asam. Tchím an saol níos soiléire. Mothaím saor. Bhí mé imníoch fán cheardlann — mo chéad uair é agus bhí eagla orm go mbeadh sé deacair a bheith páirteach — nach mbeadh fiúntas liom agus go mbeadh na daoine eile i bhfad níos fearr ná mé — mothaím anois gur chuir sé beocht úr ionam agus gur fhoscail sé mo shúile ar an tsaol mhór thart orm. Tá lúcháir orm go dtáinig mé. Tá mé cinnte go bhfuil mé i ndiaidh a theacht ar athrú meoin. Mar a deir Bláthnaid Ní Shé — níl aon réans ann!

'Sin uirlis ionadaíochta a shílimse atá thar a bheith tábhachtach,' a dúirt Bláthnaid Ní Shé. 'Agus anois, na carachtair a d'iarr mé oraibh scríobh fúthu. Cad é mar a d'éirigh libh? Tosnóidh mé leatsa, a Fhiachra. Cén áit ar aimsigh tusa do charachtar?'

'Ó ... san óstán ina bhfuil mé ag stopadh.'

'Agus ar chuir tú aithne mhaith ar do charachtar?'

'D'fhéadfá sin a rá....'

Mhothaigh Eithne a haghaidh ag deargadh. Ba mhaith léi go slogfadh an talamh í.

'Sin an rud atá thar a bheith tábhachtach ag aon scríbhneoir;

aithne mhaith a chur ar do charachtar, go háirithe sa ghearr-scéal, mar níl spás ann ach do chupla carachtar. Tá súil agam go raibh an obair bhaile sin suimiúil agus gur bhain sibh taitneamh as.'

Ag smaointiú ar an am a bhí

FEAR caol ard cnámhach a bhí ann, a chuid súile ar dhath gormuaine na farraige. Bhí doimhneacht iontu. Shílfeá gur súile brónacha iad, ach nuair a dhéanfadh sé gáire, bheadh na súile sin chomh loinnreach le scáil na gealaí ar uisce. Bhí a chuid gruaige liath agus bhí sé gealchraicneach. Bhí roicneacha go leor greanta ar a aghaidh agus éirim aigne le sonrú ina éadan. Jeaic Ó Gallchóir ab ainm dó. Bhí seomra aige dó féin ach cha dtáinig duine ar bith ar cuairt chuige sa teach altranais.

An fear ciúin an leasainm a baisteadh air nuair a tháinig sé go dtí an teach altranais ar tús agus níor ghoid sé an t-ainm nó bhí sé tostach. Nuair a bheadh aonduine ag comhrá leis, ní dhéanfadh sé ach a chloigeann a chlaonadh le cur in iúl gur chuala sé nó gur aontaigh sé, nó a chroitheadh nuair nár aontaigh. Dá gcuirfeadh duine den fhoireann ceist air, bhéarfadh sé freagra, ach b'annamh a déarfadh sé níos mó ná 'sea' nó 'ní hea'. Dá ndéanfadh othar eile iarracht comhrá leis, ní dhéanfadh sé ach meangadh beag gáire.

Bhí radharc maith ar an fharraige ón vearanda agus shuíodh Jeaic sa chathaoir chéanna achan lá a dh'amharc amach chun na farraige. Is cuma caidé méid calláin a bheadh ag teacht ón teilifís nó ó hothair eile, ní thógfadh sé a chuid súile ón fharraige ar feadh bomaite. Dá labharfadh duine ar bith leis, ní chluinfeadh sé iad. Bheadh ar bhanaltra nó oibrí eile glaoch air cupla uair dá mbeadh siad ag iarraidh a aird a tharraingt. Choinnigh Jeaic súil choimhéadach ar bhealach na farraige, ar an Aigéan Atlantach, an fharraige chéanna a thug trasna na dtonnta é agus a d'fhág i bhfad ó bhaile é.

Shílfeá go raibh ceangal aige leis an mhuir fríd a chuid súile doimhne gormuaine. Bhí an fharraige mhór le feiceáil iontu, iad mar bheadh scáthán ar an uisce. Le hamharc air ina shuí ansin shamhlófá go raibh Jeaic ag amharc ar rud inteacht nach raibh le feiceáil ag aonduine ach é, rud suaithinseach a raibh a chuid súl sáite ann agus a aird go hiomlán dírithe air.

Amanta bhíodh Jeaic ag cuimhniú ar an turas a rinne sé trasna an Atlantaigh gan é ach ocht mbliana déag d'aois. Amanta eile, ag smaointiú ar thuras eile ar fad a bhíodh sé, turas nach dtearn sé ariamh, ar chúis amháin nó ar chúis eile: an turas chun an bhaile. Agus amanta eile ag amharc siar ina intinn a bhíodh sé, le huallach samhlacha an tsaoil ag teacht chuige i ndorchadas a anama. Nuair a bheadh an fharraige suaite agus de shíor ag athrú, shílfeá go raibh tionchar aige ar an fhear chiúin a shuí ag amharc amach uirthi agus, cé go raibh Jeaic ina shuí go socair, bhí an chuma air go raibh a intinn chomh suaite leis an fharraige féin. Bhí an grá agus an ghruaim le sonrú ar a aghaidh mar bheadh siad ag teacht agus ag imeacht le gach casadh ag an taoide.

Dhúnfadh sé a shúile agus shamhlódh sé go raibh sé ar bhád a bhí ag teacht isteach i gcuan i dtír bheag i bhfad ón áit a raibh sé ina shuí. Ba é an fharraige an ceangal ba láidre a bhí ag an tseanduine leis an bhaile.

Bhí seanchreatlach báid ina luí ar imeall na trá os comhair an tí altranais agus an té a d'amharcfadh ar an tseanduine agus ar an bhád ina shuí ansin os a chomhair amach thuigfeadh siad go raibh cosúlachtaí eatarthu, agus iad beirt á gcreimeadh ag gach tuile agus trá. Ní bheadh ceachtar acu ag déanamh turas farraige go deo arís.

I gciúnas an tí altranais tráthnóna ciúin fómhair chluintí clupaideach ag teacht ó bhealach na farraige. Dá mbeifeá ag coimhéad ar na géacha ag imeacht ar imirce, shamhlófá gur rinn saighde iad ag gluaiseacht fríd an aer. Tchífeadh Jeaic iad agus leanfadh sé lena shúile iad ag taisteal sa spéir os cionn na farraige go n-imeodh siad as amharc.

Cé nach raibh Jeaic sa bhaile in Éirinn ón lá a d'fhág sé, trí scór go leith bliain roimhe sin, is minic a bheir sé cuairt ar an bhaile ina chuid brionglóidí. Pilleann sé ar an bhaile fearainn agus ar an cheantar a rugadh agus a tógadh é. Siúlann sé na bóithre a shiúil sé ina ghasúr, ag siúl cois na habhna ag éisteacht le fuaim shuaimhneasach an uisce. Cluineann Jeaic an chuach, an chéirseach agus an lon dubh ag ceol. Cluineann sé na huain ag méiligh. Tchíonn sé na bradáin ag léimní in airde. Siúlann sé leis go haerach aigeantach fríd na cuibhrinn bheaga ar bhruach na habhna.

Is aoibhinn le Jeaic suí ar mhullach cnoic ag amharc síos ar na bailte beaga fearainn agus ar an chósta agus na hoileáin amach ón chósta. Tchíonn sé na páirceanna agus na cuibhrinn bheaga idir é agus an fharraige. Tchíonn sé an t-eallach agus gamhna sna páirceanna áit a bhfuil bláthanna fiáine ag fás agus féileacáin agus beacha ag eitilt fá dtaobh daofa. Leanann sé cúrsa na habhna lena shúile agus í ag lúbadh ar a bealach síos chun na farraige. Tá sé ábalta an baile a fheiceáil; teach beag ceann tuí suite ar bhruach na habhna. Bheir sé fá dear an toit ag éirí as an tsimléar agus tá a athair le feiceáil aige ag obair i gcuibhreann ar chúl an tí. Tchíonn sé a mháthair ag teacht amach as an teach agus ag siúl i dtreo an tobair.

Oícheanta ina chuid brionglóidí, siúlann Jeaic cois na trá ag éisteacht le tuaim na mara agus é ag amharc ar na hoileáin amach ón chósta. Oícheanta eile siúlann sé síos an gleann domhain agus amhrán breá croíúil aige.

Cé nár labhair Jeaic Gaeilge le trí scór go leith bliain is é Gaeilge amháin a chluineann sé in aislingí na hoíche. Tá a athair agus a mháthair, a chuid deirfiúracha agus deartháireacha le cluinstin aige ag caint agus ag comhrá. Cluineann sé glórtha na bhfear agus na mban atá ag obair sna cuibhrinn bheaga agus ar an chaorán. Tig glórtha agus scairteanna gáirí na bpáistí scoile chuige ar an ghaoth. Cluineann sé iad sin uilig agus is binn leis achan fhocal. Le clapsholas tig boladh na mónadh agus boladh na nduilliúr féithle i ndiaidh báistí chuige.

Cé nach gcuimhníonn Jeaic nuair a mhusclaíonn sé ar na brionglóidí fán bhaile, is cinnte go dtugann siad sólás dó sna smaointe is uaigní ina chroí. Anois agus é san aois leanbaí, creideann Jeaic go bhfuil a mhuintir beo go fóill agus go mbeidh sé ag gabháil chun an bhaile lá ar bith feasta.

Is minic Jeaic ag brionglóidigh go bhfuil sé ag pilleadh chun an bhaile. Siúlann sé suas an cabhsa agus isteach chun na buaile. Tá a mháthair agus a athair agus an teaghlach uilig ansin le fáilte a chuir roimhe. Tá tine bhreá sa teallach istigh, an tae réidh ag a mháthair le toirtín aráin, im tíre agus uibheacha bruite ar an tábla. Suíonn siad uilig ag an tábla sa chisteanach. I ndiaidh an tae, suíonn siad cois teallaigh ag caint agus ag comhrá. Tig comharsanaigh agus gaolta isteach agus toisíonn duine ar amhrán. I ndiaidh tamaill tógann fear muinteartha an mileoidean agus buaileann suas port a chuireann tús leis an damhsa.

Sin mar a tharla an oíche sular fhág Jeaic an baile, an oíche sular imigh sé go Meiriceá. Tháinig na comharsanaigh agus a chuid daoine muinteartha chun tí le slán a fhágáil aige agus ar maidin rinne siad é a chomóradh a fhad leis an droichead. D'fhág siad slán aige ansin. Ní raibh súil aige pilleadh choíche.

Bhí Anna Kelly ar thaithí oibre mar ábhar altra sa teach ina raibh an fear ciúin anois caite suas agus bhí sí ar dualgas oíche. D'inis banaltra di go raibh sé de nós ag Jeaic a bheith ag caint ina chodladh. *Somniloquy* an téarma a d'úsáid sí. Dúirt sí nár thuig aonduine caidé a bhí sé a rá. D'inis sí di gurb as Éirinn do Jeaic agus gur Gaeilge a theanga dhúchais. Chuir Anna suim ann sin ar chupla cúis: níor chuala sí ariamh duine ag caint ina chodladh agus chuala sí óna muintir gur Gaeilge a labhair á máthair mhór, cé nár chuala sise ariamh í.

Oíche amháin nuair a chuala Anna Jeaic ag caint ina chodladh, shocraigh sí é a thaifeadadh. Thóg sí amach a fón póca agus thug aghaidh ar sheomra Jeaic. Shíl sí go raibh sé muscailte ach ansin chonaic sí go raibh a shúile druidte. Bhrúigh sí an cnaipe ar an fhón. D'fhan sí tamall ach ní raibh amach as Jeaic ach cupla focal deoranta. Bhí sí le stad nuair a thoisigh sé a cheol amhráin. Baineadh stangadh aisti.

Cé nár dhúirt sé ach cupla véarsa, char chuala Anna a mhacasamhail ariamh. Tháinig creatha fuaicht uirthi. Shílfeá go raibh an glór ag teacht ón chianaois. Thabharfadh sí rud ar bith ar bhrí na bhfocal a fháil. Bhí sí ar tí a sheomra a fhágáil nuair a thoisigh Jeaic arís. Dúirt sé cupla véarsa eile. Chur an ceol uaigneas ar Anna. Dar léi go raibh ceas cumha le brath ina ghuth.

Nuair a fuair seanJeaic bás, tháinig sé amach go raibh a thiomna déanta aige. D'iarr sé ina thiomna go gcuirfí scéala a bháis chuig a mhuintir in Éirinn. Bhí seoladh baile in Éirinn tugtha aige. Fuair Anna an seoladh ón bhainisteoir nó ba mhaith léi an taifeadadh a chur chucu. Bhí sí iontach tógtha leis an amhrán agus mheas sí gur cheart go gcluinfeadh na daoine é a thuigfeadh é. Bhí sí sásta go dtearn sí taifeadadh air an oíche sin, go háithrid nuair a fuair an seanduine bás gan mhoill ina dhiaidh sin.

Fuair Anna litir ó neacht de chuid Jeaic in Éirinn. Bhí sí thar a bheith buíoch di as an amhrán a chur chucu. 'Ag smaointiú ar an am a bhí' an t-ainm a bhí ar an amhrán. Dúirt sí gur seanamhrán a bhí ann agus gur cheol athair Jeaic é. Ní amháin sin ach bhí leagan ar leith den amhrán aige. Dúirt sí go raibh dearmad déanta den amhrán chéanna mar nár cheol aonduine é ó fuair athair Jeaic bás dhá scór bliain roimhe sin. Ní raibh an t-amhrán ag duine ar bith den teaghlach. Scríobh sí focail an amhráin agus chuir sí cóip chuig Anna. Bhí na focail scríofa i bpeannaireacht néata. Ghlac Anna leis mar chomhartha ar an mheas a bhí ag an té a scríobh iad ar an amhrán féin.

Is aoibhinn éaló suas an gleann,
Agus suí ar bhruach na habhna,
Sa tsamhradh bhuí nuair ag dul a luí
Atá an ghrian tráthnóna.

An éanlaith bheag ar bharr na gcrann,
Gabháil cheoil ina suí go haerach,
Na bric ag léimnigh ins an tsruthán,
Go lúcháireach aerach meadhreach.

Is aoibhinn suí ar mhullach cnoic,
Os coinn ghort is coillte is corrán,
Ag smaointiú ar an am a bhí
I bhfad ó shoin in Éirinn.

Nuair a chosain gaiscígh na hard Chraobh Ruaidh
Gach bean, seanfhear is páiste,

Sular chuir ár namhaid ualach ar
Ár dtírín, marbhfháisc air.

Ar an scrios a ghníonn an namhaid orainn,
Is minic mise ag smaointiú,
Ach tiocfaidh an lá le cuidiú Dé,
A mbaintear astu cúiteamh.

Beannacht Dé ar Éire bhocht,
Agus mallacht ar a namhaid,
A d'fhág ár dtír faoi leatrom mhór,
A d'fhág sinn anois mar tá muid.

Ba é an t-amhrán sin an rud a spreag Anna Kelly le Gaeilge a fhoghlaim. Bhí sí ag iarraidh go dtuigfeadh sí brí na bhfocal. Is beag a shíl sí go raibh an t-amhrán céanna chomh luachmhar agus a bhí do theaghlach Jeaic in Éirinn. Ar dhóigh, smaointíonn sí ar an amhrán sin anois, nuair a cheolann sí go faiteach é, mar oidhreacht Jeaic Uí Ghallchóir.

Caillte

STRAINSÉIRÍ uilig iad. Níor aithin sí duine amháin, ach bhí cuma air go raibh aithne acusan uirthise. Chroith daoine lámh léi. Rinne daoine eile gáire. Bhí siad uilig cairdiúil.

'Is fada an lá ó chonaic mé thú, a Chaitlín,' a dúirt duine amháin.

'Nach tú tá ag amharc go maith,' arsa duine eile.

'Go raibh maith agat,' a d'fhreagair sí.

Bhí scaifte mór ann agus ceiliúradh mór ar siúl. Bia agus deoch ann, ceol agus damhsa. Achan duine iontach cóirithe. Tháinig fear caol ard le gruaig chatach dhonn agus shuigh ag a taobh. Shíl sí gur cheart di é a aithne. Thug sí fá dear a chuid éadaí. Bhí sé gléasta go maith; culaith dheas éadaigh air, léine agus carbhat. Bhí pósae brollaigh i bpóca a chóta. D'aithin sí go raibh bróga leathair air. Fear breá.

Tháinig bean dhóighiúil óg agus shuigh sí os a comhair. Bhí sise gealgháireach; gruaig fhada fhionn uirthi, gúna gorm agus hata dá réir.

'Caithfidh muidinne a bheith ag imeacht gan mhoill,' a dúirt an fear.

'Ní aithním thú,' a dúirt sí leis.

'Mise Peadar,' a dúirt sé.

'Mo dheartháir Peadar, aithním anois thú.'

'Do mhac Peadar,' a dúirt sé.

'Agus an bhfuil mo dheartháir anseo?'

'Níl ... fuair sé bás cupla bliain ó shoin,' a dúirt an bhean óg leis an ghruaig fhionn ag amharc anonn ar an fhear chaol ard.

'Tá am baile ann,' a dúirt an fear óg leis an ghruaig chatach.

'Tá mise ag gabháil chun an bhaile inniu, tá mo mhuintir ag teacht fá mo choinne,' a dúirt sise.

'Fágfaidh mé sa bhaile í agus pillfidh mé i gcionn leathuaire,' a dúirt an fear óg.

'Caithfidh mise a ghabháil chun an leithris. An mbeidh sí ceart go leor cupla bomaite?' a dúirt an bhean óg.

D'imigh an fear amach an doras. Chuaigh an bhean an bealach eile.

'Tá mo mhuintir féin ag teacht fá mo choinne,' a dúirt sí leis an bhean a bhí ina suí ag a taobh.

'Is maith sin,' a d'fhreagair an bhean.

Chonaic sí doras foscailte. Shiúil sí amach. Bhí sí i ngarradh galánta. Chuala sí éanacha ag ceol. Fuair sí boladh na mbláth-anna. Shuigh sí ar shuíochán agus nuair a chuala sí duine ag scairtí uirthi chuaigh sí isteach i lúbra. Shiúil sí agus shiúil sí. Mhothaigh sí fá shuaimhneas ann. 'Tá mé ag gabháil chun an bhaile, beidh mo mhuintir ag fanacht liom,' a dúirt sí.

A Shiobhán dhílis

I MO SHUÍ anseo ag amharc amach ar an fhuinneog feicim go bhfuil na bachlóga ag teacht ar na crainn cheana féin agus thíos ag bun an gharraidh tá lusanna an chromchinn ag fáil bháis ach na samharcáin bheaga ag fás leo go flúirseach. Bíonn cumhaidh orm i ndiaidh na lusanna. Bíonn cuma shobhriste orthu lena gcloigne cromtha faoi ualach inteacht. Ní thuigeann siad an pléisiúr a bheir siad.

Cé acu ag scuabadh an urláir nó ag glanadh dusta a bhím, déanaim cinnte go bhfágaim achan rud díreach mar a d'fhág tú é i do sheomra, cé nach mbím istigh ann chomh minic sin anois. Ní maith liom an ciúnas atá ann agus sin an fáth a mbím ag caint os ard; ag iarraidh an spás a líonadh. Labhraim leis na fir óga sna póstaeir: 'Do bharúil caidé tá Siobhán a dhéanamh inniu?' Ní bhím ag dréim le freagra. Ní bhíonn ann ach comhrá aontreo leis an chiúnas a bhriseadh. Amharcaim thart ar an tseomra; ar an leaba, na pictiúirí agus na póstaeir. Fosclaím an fhuinneog le haer úr a ligint isteach. I ndiaidh tamaill, bíonn orm an seomra a fhágáil. Siúlaim amach agus druidim an doras go bog i mo dhiaidh.

D'iarr tú orm réitigh a fháil de do chuid bábóg ach níl mé ábalta scaradh leo. Corruair suím ar do leaba a dh'amharc orthu. Bheadh scéalta le hinse acu uilig dá dtiocfadh leo. Samhlaím go bhfuil siad ina suí ansin ag fanacht leat pilleadh. Lasann siad drithleog i m'intinn agus bheir siad tusa ar ais i mo cheann. Ba í Béibhín, an bhábóg cheirteacha, an ceann ab fhearr leat. Dúirt tú go mbíodh sí ag caint leat, gur inis sí rúin duit. Fuair tú ó Dhaidí na Nollag í nuair a bhí tú cúig bliana d'aois. Is tú a bhí tógtha léi agus bhíodh sí leat achan áit. Chan iontas go bhfuil séala a caite uirthi.

Bhí mé ag brionglóidigh an oíche fá dheireadh go raibh tú ar ais sa bhaile. Siúd isteach an doras leat agus tú ag caint agus ag gáire, tú ar bharr na gaoithe agus ag damhsa le háthas. D'éirigh mo chroí le tréan lúcháire. Ní raibh athrach ar bith ort. Mhuscail mé, d'éirigh mé as mo leaba agus chuaigh a fhad le do sheomra. D'fhoscail mé an doras go suaimhneach, sa dóigh is nach musclóinn thú, go díreach ag iarraidh súil a chaitheamh ort. Lagaigh mo chroí nuair a chonaic mé an leaba folamh ... sin an uair a thuig mé caidé a bhí ag teacht orm. Dhruid mé an doras go gasta. Níor éirigh liom titim a chodladh ar feadh fada go leor ina dhiaidh sin. Thoisigh mé ag dul siar ar laethe d'óige. Ach, ní raibh siad uilig chomh geal agus a ligim orm. Bhí amanta nach raibh an saol chomh maith dúinn, ach rinne muid ár ndícheall.

Baineann na cultacha atá ar do chuid bábóg gáire asam nuair a tchím anois iad. Ba as bratóga agus stiallacha éadaí a rinneadh iad. Tá siad cóirithe go díreach mar a bhí tú féin agus tú i do pháiste. Mé féin a rinne cuid mhór de do chuid éadaí, fiú do chulaith Chéad Chomaoineach. Bhí sé de nós agam cultacha a dhéanamh do na bábóga as na fuíll éadaí. Tá bábóg amháin gléasta i gcóta bréidín. Bhí cóta agat a rinne mé as mo sheanchóta féin agus ansin rinne mé ceann den chineál chéanna don bhábóg.

Is cuimhin liom uair amháin, gan tú ach cupla bliain d'aois, nuair a chuaigh muid síos chun na trá. Bhí tusa sa chliabhagán agus bhí lá geal gréine ann. Dúirt achan duine a casadh orm go raibh tú galánta. Bhí tusa chomh gealgháireach agus dá mhéad moladh a fuair tú is ea is mó a bhí tú ag gáire agus á mealladh le do chuid cearmansaíochta. Mhothaigh mé chomh bródúil asat an lá geal sin. Chaith muid cupla uair an chloig ar an trá. Bhí tú go díreach ag toiseacht a shiúl. D'imigh tú ag tarraingt ar an fharraige. Is cuimhin liom an t-iontas a chuir sé orm lorg do chois a fheiceáil sa ghaineamh. Cé gur scrios an lán mara iad tá siad dóite i mo chroí ó shoin. Is iomaí marc fágtha agat ar an domhan faoi seo, lorgacha nach scriosfar. Tá cladaí i bhfad ó bhaile siúlta agat. Nuair a thug tú d'aghaidh ar an fharraige mhór mar dhuine fásta, cha raibh sé chomh simplí sin tú a cheapadh, faraor.

Ag glanadh i do sheomra a bhí mé an lá fá dheireadh, mé chóir a bheith réidh, nuair a chuala mé an ceol. Shíl mé ar tús gur rud a bhí mé á shamhlú ach nuair a d'éist mé, d'aithin mé an fonn. Ón chófra a bhí sé ag teacht, áit ar chuir mé moll blaincéad ar leataobh ní ba luaithe. B'fhada ó chuala mé é. D'fhoscail mé doras an chófra agus bhí an béirín bréige beag ansin istigh ar chúl na mblaincéad agus thuig mé ansin. Ba ghnách liom fuath a bheith agam ar an cheol mar bhí sé cloiste rómhinic agam, ach ar feadh na gcupla bomaite sin an lá fá dheireadh, bhog an ceol céanna mo chroí.

Is cuimhin liom gur chuir mé an béirín i bhfolach ort lá amháin de bharr go raibh mé tinn ag éisteacht leis an fhonn chéanna arís agus arís, ach, go díreach nuair a shíl mé go raibh dearmad déanta agat de, nár thoisigh an ceol ag teacht as an phrios sa chisteanach. Bhí tusa chomh sásta nuair a chuala tú an ceol. Dúirt tú gur ag déanamh folacháin a bhí an béirín. Baineann sin gáire asam go fóill, ach amanta eile, nuair a chuimhním ar laethe soineanta d'óige musclaíonn siad na smaointe is uaigní i mo chroí.

Cuireann sé isteach orm nuair a fheicim máthair agus páiste óg le chéile. Deirim liom féin: sin mise lá den tsaol, mise agus tusa ... ach níor thuig mé, nuair a bhí muid mar sin, caidé chomh speisialta agus a bhí an t-am a bhí againn le chéile. Níor thuig mé go dtiocfadh an lá a mbeadh muid ag mairstean i bhfad ó chéile agus nach mbeadh muid ag caitheamh am ar bith le chéile ach an t-am a chaithfeadh muid ag caint thar an idirlíon. Creidim gur cheart domh a bheith buíoch go bhfuil a leithéid ann ar chor ar bith.

Corruair, bíonn fonn orm sin a rá leis na máithreacha: a bheith cinnte agus a mhór a dhéanamh don am a chaitheann siad lena bpáistí ... ach ní dheirim, ar eagla go sílfeadh siad nach raibh mé i gceart.

Ar inis mé duit go bhfuil mé ar ais ag bualadh na fidle. Níor bhuail mé a dhath air ó tháinig tusa ar an tsaol. Cheannaigh mé sreanga úra agus nuair a bhain mé triail as bhí iontas orm go raibh mé ábalta cupla port a bhaint as. Sílim féin go bhfuil mé ag feabhsú agus tá rún agam a ghabháil chuig ranganna. Níl a fhios agam cad chuige ar stad mé á bhualadh mar go mbainim oiread pléisiúir as.

A Shiobhán, a chroí, chan fhuair mé deis inse duit fá Ruairí go fóill. Bhí sé de cheart agam inse duit roimhe seo ach ní raibh a fhios agam caidé mar a ghlacfá leis. Bhí mé ag iarraidh é a inse duit i gcomhrá mar is ceart thar an ríomhaire ach níor dhúirt mé é. B'fhéidir go bhfuil sé níos fearr é a rá anseo.

Níl a fhios agam anois caidé an dóigh le hé a chur i bhfocail. Níl sé furast agam féin é a chreidbheáil ach an oiread ... go bhfuil mé i gcaidreamh i ndiaidh an ama sin uilig. Tá eagla orm go sílfidh tú go bhfuil mé ar shiúl leis.

Casadh Ruairí orm nuair a chuaigh mé ar chomhdháil. Bhí sé ar dhuine de na cainteoirí agus shíl mé gur fear iontach pribhléideach a bhí ann. Bhí fadhb agam le mo charr tráthnóna agus tháinig sé i dtarrtháil orm. Sin an seort duine atá ann. Tá sé chomh lách agus cineálta. Dhéanfadh sé rud ar bith duit.

D'inis mé go leor do Ruairí fá dtaobh díotsa. Déarfainn go mbíonn sé tinn ag éisteacht liom ag caint ort. Thug mé isteach go dtí do sheomra leapa é agus thaispeáin mé do chuid póstaer agus do chuid pictiúirí dó. Dúirt sé go n-amharcann tú iontach cosúil liom. Tá sé ag súil go mór le casadh leat lá inteacht. An chéad uair eile a chuaigh mé isteach liom féin d'fhiafraigh mé de na fir óga sna póstaeir: 'Bhuel, caidé bhur mbarúil ... an mbeadh dúil ag Siobhán ann?' Níor dhúirt siad a dhath mar is gnách.

Chuaigh mé féin agus Ruairí ag amharc ar theach úr an lá fá dheireadh. Teach trí sheomra leapa. Bhí sé iontach deas agus bhí garradh mór ann fosta. Tá na seomraí leapa níos mó ná mar atá siad sa teach seo agus dá bhfeicfeá an chisteanach, tá sé chomh mór agus iontach nua-aimseartha. Níl sa chisteanach sa teach seo ach cúlchisteanach lena thaobh. Nuair a thiocfas tusa chun an bhaile ar cuairt, beidh seomra deas úr agat. Bhéarfaidh mé do chuid éadaí agus do chuid pictiúirí agus na babógaí agus achan rud liom go dtí an teach úr, ná bíodh eagla ort. Beidh fuath agam an teach seo a fhágáil agus na cuimhní uilig a bhaineann leis ach beidh na cuimhní sin i gcónaí agam i mo chroí.

Tá go leor lustain ag fás sa gharradh os comhair an tí, caithfidh mé a ghabháil amach agus é a tharraingt aníos sula dtachtann sé mo chuid bláthanna. Tá na gaisearbháin ag fás go flúirseach ar an lána ach ní chuireann siad as domh. Má ghearraim an féar muirfidh sin iad agus níl mé ag iarraidh sin a dhéanamh. Ní mhaireann siad ach seal. Tá siad fíneálta agus níl siad cinnte daofa féin, níl a fhios acu an bláth nó lustan atá iontu. Tá mé cinnte go n-amharcann na bláthanna eile anuas orthu. Tá an oiread acu ar an léana anois go samhlaím gurb iad na daoine maithe atá iontu ag damhsa ar an lána. Nuair a bhí tú i do pháiste ba ghnách leat iad a phiocadh agus na pórtha a shéideadh. Chuir mé féin na bláthanna agus an tor agus an crann silíní agus chonaic mé iad ag fás ó bhliain go bliain. Tá an féithleann ag fás ar chúl an bhalla agus faighim an boladh go háirithe san oíche. Boladh milis, muscach agus meisciúil a bheir an samhradh isteach chun an tí. Beidh sé brónach iad a fhágáil má bhogann muid isteach go dtí an teach úr, ach dúirt Ruairí go mbeidh muid ábalta cuid acu a thabhairt linn.

Scáile Dheirdre

THÓG DEIRDRE moll billí ón urlár. Dhruid sí suas an bocsa litreach ionas nach dtiocfadh leo níos mó billí a chur isteach fríd an doras. Lá arna mhárach cuireadh na billí isteach an fhuinneog a bhí leathfhoscailte le haer an tsamhraidh a ligint isteach. Chuir Deirdre na billí sa chuisneoir áit a raibh billí eile stóráilte aici. Bhordáil sí na fuinneoga le clárthaí, ionas nach dtiocfadh leo tuilleadh billí a chur isteach fríothu.

An lá dár gcionn, tháinig báillí agus stróc siad leo na ballaí agus an díon agus na troscáin agus cha raibh dadaidh fágtha ach na billí. Rinne Deirdre leaba as na billí agus luigh sí orthu an oíche sin. Lá arna mhárach tháinig an fhearthainn. D'éalaigh Deirdre go dtí an choillidh agus chuir sí fúithi ansin. Mhair sí ar luibheanna, ar chnónna agus ar bhláthanna. Bhí sí ar a sáimhín só.

Lá amháin ghearr sábhadóirí na crainn uilig. D'éalaigh Deirdre isteach i ngleann domhain agus chuir sí fúithi ansin. Mhair sí ar bhric, ar luibheanna is ar na glasraí a d'fhás ar fud an ghleanna. Bhí sí sona sásta.

Lá amháin tháinig bodach agus d'fhógair gur leisean an gleann agus go raibh sé le caisleán a thógáil ann. Díbríodh Deirdre. Bhain sí an sliabh amach. Mhair sí ar chaora agus ar fhíoruisce tobair. Bhí sí sona sáthach.

Lá amháin tháinig boc mór agus d'fhógair gur leisean an cnoc, go raibh sé le feirm ghaoithe a thógáil ann agus dhíbir sé Deirdre. Chonaic Deirdre eastát tréigthe ar imeall an tsráidbhaile. Chuir sí fúithi ann. Cha raibh sí ábalta bia a sheiftiú mar go raibh an talamh clúdaithe le tarra agus stroighin. Mhair sí ar na ceannóga agus ar phiocarsach a d'fhág na forbróirí ina ndiaidh. Bhí sí sásta, cé go raibh sí beo ar éigean.

Nuair a thoisigh siad a leagaint an eastáit thréigthe go talamh, níor chronaigh siad Deirdre agus ní fhaca aonduine a scáile ag siúl san eastát san oíche. Nuair a fuair siad a corp, dúradh gur dhuine siúil í agus gur gnáthchúrsaí an tsaoil a thug a bás.

Sleachta luaite as saothair eile

Athchuairt ar an oileán:
Tá dhá ghabhairín bhuí agam (Traidisiúnta)

Tír Hiúdaí:
Dónall Óg (Traidisiúnta)

Idir cleith agus ursain:
The River (©Bruce Springsteen)

Thar an tairseach:
Dilín ó deamhas (Traidisiúnta)
Ar maidin Dé Máirt (Traidisiúnta)
An saighdiúir tréigthe (Traidisiúnta)
A Rí an Domhnaigh (Traidisiúnta)
Séamus Mac Murchadha (Peadar Ó Doirnín)
Faoiseamh a gheobhadsa (©Máirtín Ó Díreáin)
Cumhaidh an fhile (©Seán Bán Mac Grianna)

Tabhair ar ais an oíche aréir:
The bould Thady Quill (Johnny Tom Gleeson)
Revenge for Skibbereen (Patrick Carpenter)
Tráthnóna beag aréir (©Séamus Ó Grianna)

Ag smaointiú ar an am a bhí:
Ag smaointiú ar an am a bhí (Traidisiúnta)